本书受到云南省哲学社会科学
学术著作出版专项经费资助

Research on the Transformation and
Development of Chinese Processing Trade

中国加工贸易转型发展研究

邱志珊 著

人民出版社

目　　录

绪　　论

一、本书的研究背景

20世纪中期以来，经济全球化浪潮势不可挡。产业分工不断深化和细化，产业内贸易不断发展。产品内贸易本质上是经济全球化和垂直专业化发展的必然结果，其前提是科学技术的进步，使得生产过程中各工序实现了分离；运输和信息交流成本下降、效率提高使交易成本得以降低。此外，关税和非关税等贸易壁垒的削减，发展中国家对加工贸易的鼓励优惠政策等，都直接或间接地推动了产业内贸易的发展。

20世纪60年代以来，跨国公司发展成为世界经济与贸易增长的主要微观主体。在全球竞争日趋白热化的背景下，为了应对巨大的竞争压力，跨国公司千方百计谋求通过降低生产成本和交易成本，提升竞争优势。由于全球经济日益自由化，包括贸易自由化、资本流动自由化、对外直接投资（FDI）政策的自由化，加上很多发展中国家和地区吸引外资的种种优惠政策；以及信息通信技术（IT），尤其是互联网及电子商务的快速发展与扩散，为全球生产网络的形成提供了有利的技术条件，使跨国公司得以通过跨过生产经营网络的构建，比如去成本最低的地区和国家配置部分生产环节，实现降低成本、提高资源配置效率的目的。

发展中国家具有劳动力资源数量巨大，工资水平低廉和土地等天然资源的使用成本低等一系列优势，于是跨国公司在国外大量建立生产基地，将劳动密集型的制造加工环节配置到发展中国家或地区，从而增强其在市场上的竞争力。在这个过程中，跨国公司加快了推动面向世界市场的复合一体化进程，即根据世界各国或地区不同的比较优势、竞争优势状况，将其配置在跨国公司生产的同一产品链或价值链的不同环节上，使同一产品的不同生产环节分散到世界各地，最终形成国际一体化的生产体系，这一生产体系以全球生产网络为枢纽，在国际分工、经济组织、比较优势表现形式、产业升级路径等一系列方面形成了前所未有的新变化。同时，正是由于全球范围内生产网络的蓬勃发展，也为较落后的发展中国家融入世界生产与贸易体系，实现自身产业转型与技术升级提供了契机。

20世纪70年代末，中国在改革开放的大背景下，充分利用了全球特别是亚太地区产业结构调整和转移的机遇，以主动积极的姿态融入蓬勃发展的经济全球化浪潮之中。特别引人注目的事件便是加工贸易在中国的超常规快速发展，引领并使中国迅速成为全球生产网络体系中的重要成员，甚至成了世界的"加工厂"。按照中国海关总署的定义，加工贸易是指原料或中间投入品来自海外（来料或进料），加工或组装在国内完成，然后复出口的贸易形式，这是一个生产与贸易相结合的过程。加工贸易在本质上发展为基于产品内国际分工（Intra – product Specialization）、生产与贸易结合的一种生产方式。然而，中国作为发展中大国与世界发达经济体还有明显的技术差距。由于缺乏足够的科技支撑，中国的大多数产业和产品在国际市场上缺乏核心竞争力、缺乏品牌和定价权，在国际分工中陷于十分被动和尴尬的境地，这种传统的经济发展方式不加以改变，经济上就难以真正崛起，更不可能实现可持续发展。20世纪90年代以来，中国加工贸易的主体逐渐演变为外商直接投资，跨国公司的全球生产网络治理成为加工贸易的生产运营机制。因此，发展加工贸易不仅是中国参与国际分工的重要形式，也是推动中国技术进步的重要路径，同时还是中国对跨国公司进行规制管理的重要内容。

中国通过加工贸易等方式融入全球国际分工体系，重要的目标并不是占据更大的市场份额，而是共享全球技术创新成果，这些成果数量有限、分配很不平衡（庄子银，1997）。中国通过发挥后发优势，分享和应用这些成果，有效地支撑和推动了中国经济的高速发展。

国际贸易是基于国际分工层面的体现生产和交换的微观因素，中国获取国际技术进步的分工基础是什么？作为国际分工重要形式的加工贸易是否成为推动中国技术进步的有效渠道？如果是，效果如何？影响加工贸易技术进步的因素是哪些？加工贸易影响技术进步的作用机理和机制是什么？中国的加工贸易如何实现转型升级？政策层面又该怎样引导加工贸易转型升级？对上述问题的探讨、分析和解答，正是本书进行研究的主要内容及其目的。

二、本书研究焦点与主要贡献

本书以中国的加工贸易为研究对象，基于国际分工、贸易、生产及经济增长等相关理论，从中国参与产品内国际分工的视角，结合中国加工贸易的具体发展实践，构建模型，综合运用计量分析手段和工具，对中国加工贸易发展的绩效进行研究，重点研究加工贸易的技术进步效应以及加工贸易转型升级的必要性和对策。本书的主要贡献体现在以下几个方面。

一是系统地综述了加工贸易的相关文献。在界定加工贸易相关概念的基础上，对加工贸易的相关文献进行了回顾、整理和评述，探讨了与加工贸易密切相关的产品内国际分工理论、产品内国际贸易理论和全球生产网络治理理论等，为全书铺垫了理论基础。

二是构建了加工贸易技术升级的理论分析框架。从水平型 FDI、垂直型 FDI 到加工贸易，通过模型推导了国际生产组织形式选择的依据及规律，然后分别就技术升级（Ⅰ）、技术升级（Ⅱ）构建了加工贸易技术升级的理论模型，探讨了加工贸易的技术创新之路。分析了技术升级是转型发展的前提和基础，并探讨了企业是加工贸易技术升级和转型发展的主体。

三是对中国加工贸易技术含量升级状况作了实证分析。首先运用国民收入恒等式法和计量模型法实证分析了加工贸易对中国社会经济发展的贡献。然后基于米凯利（Michaely）的研究，采用豪斯曼（Hausmann）、黄（Huang）和罗德瑞克（Rodrik）等人的测量产品技术含量的方法，设计了 TSP 和 HTSP 指标，利用世界投入产出表 1995—2014 年（WIOD）的数据，计算了包括中国在内的 40 个国家的出口产品的技术复杂度指数，通过与发达国家、新兴发展中国家和亚洲较先进的国家的比较，得出中国出口产品的技术含量在 1995—2014 年一直在提升。在此基础上，设计了测度中国出口产成品的本国技术含量的相关指标，利用投入产出表进行了计算，发现中国出口产成品的本国技术含量在 1997—2012 年间先降后升，即 1997—2002 年间下降幅度较大，2002—2012 年又提升了，呈现出 V 字形变化趋势。本书还利用技术复杂度指标，分产业对中国出口品技术含量进行了分析，发现技术提升表现最好的是造纸印刷、化学原料及制品制造，最差的是纺织业、皮革及制作。研究表明，现阶段中国加工贸易仍处于劳动、资金密集型阶段，产品技术含量有待进一步提高。

四是深入分析了中国加工贸易转型发展的技术升级制约因素。先重点探析了中国加工贸易的发展背景、阶段及动因等初始条件。然后从商品结构、区域分布、增值率的变化等角度探讨了中国加工贸易发展的比较优势陷阱：低端要素依赖。最后从劳动力比较优势、新贸易保护主义、分工层次、政策环境、生态环境等方面分析了当前中国加工贸易转型的外生变量变化。

五是在系统分析中国加工贸易发展状况、借鉴亚洲一些国家和地区加工贸易发展相关经验的基础上，构建中国加工贸易转型发展的机制，并从企业和政府两个层面提出了中国加工贸易转型发展的政策建议。

本书的学术价值：基于国际分工、贸易、生产及经济增长等相关理论，系统综述相关的文献集研究成果，从中国参与产品内国际分工的视角，结合中国加工贸易的具体发展实践，构建加工贸易技术升级的理论分析框架和模型，探索加工贸易发展的规律及特点，有助于进一步完善产业、产品分工和加工贸易的相关理论，促进学术繁荣，推动理论创新。

本书的现实意义：从中国国情出发，借鉴国际经验，综合运用计量分析手段和工具，实证检验中国加工贸易的技术进步效应，在相关实证研究基础上，对中国加工贸易转型升级的战略调整提出对策建议，为有关部门提供科学决策参考，有利于推动中国加工贸易技术升级和转型发展。

第一章 加工贸易转型发展
的理论和观点综述

一、相关范畴界定

（一）加工贸易的定义

"加工贸易"是中国特色的统计指标，在对外贸易中运用，对应于一般贸易。根据国家统计局和原外经贸部联合制定的《对外贸易业务统计制度》（1994）的解释，加工贸易，其原料或中间投入品来自海外（来料或进料），加工或组装在国内完成，然后复出口，这是一个生产与贸易相结合的过程。

其他国家的统计资料没有"加工贸易"指标，国际贸易的相关理论资料也没有具体针对"加工贸易"的理论。但从性质上看，"加工贸易"等同于"委托加工出口业务"或"对外加工装配业务"，在国外的理论研究中常用的"外包"或"外部采购""生产过程分散化""非一体化生产""价值链切片""全球生产共享"等均是与"加工贸易"密切相关的概念，一般这些研究都是从发达国家的角度展开，考虑发达国家的企业是否应该将某些生产环节外包，所以也可被理解为"境外加工贸易"。随着全球产品内分工的深入发展，加工贸易包含的内容不断拓宽，概念也在不断深化。加工贸易的生产厂商逐渐掌握部分关键技术，而不仅仅只局限于"加工装配"环节。从价值链的角度来看，现代的加工贸易可分为原始设备制造（OEM）加工贸易、原始设备设计（ODM）加工贸易和原始设备品牌（OBM）加工贸易。

所谓"加工贸易"是一种新兴的国际贸易方式，是国际分工关系日益深化和细化的体现。20世纪60年代以来，伴随经济全球化和贸易自由化的日新月异的发展，特别是高新技术产业的全球化、国际产业结构的调整与转移、跨国公司企业内部贸易迅速增长以及国际分工的进一步细化，使得一种新的贸易方式——加工贸易应运而生。进行加工贸易，经济不发达国家和地区为了增加外汇收入、解决就业和引进外国投资，发达国家为取得廉价劳动力成本，这是一种垂直型国际分工的产物（中国加工贸易问题研究课题组，1999）。

作为国际贸易和国际分工的一种形式，完整的加工贸易过程包括两个部分：一是外向型加工贸易，就是企业将中间产品或零部件的生产安排在国外，进口加工后的成品或半成品，在本国接着深加工或者直接销售，一般通过外包合同将部分生产环节转移到外国企业，或者转移到跨国公司在外国的子公司，这种形式有时也被称为境外加工贸易。二是内向型加工贸易，即先从国外进口原材料或中间产品，然后在本国企业生产加工，再将产品出口，这也就是本书研究的加工贸易。外向型和内向型贸易相得益彰，联合构成完整的加工贸易循环体系。一般情况，发达经济体的跨国公司进行外向型加工贸易，而发展中国家则进行内向型加工贸易。

可以说，加工贸易的发展的缘由，是发达国家的跨国公司的主导动机与发展中国家的求发展愿望。跨国公司是加工贸易的主动发起者和主要推动者。随着经济全球化和国际生产的持续增长，跨国公司正在不断扩大其在全球经济中的作用。由于竞争的日益加剧，跨国公司日益倾向于更加具体的专业化，采取业务外包等形式建立起全球生产网络。通过内外部分工体系，跨国公司将自身与子公司的经济活动合理分工，在世界范围内广泛开展加工装配活动。虽然生产设施在不同的地方，但依存关系紧密，形成了一个以价值增值链为纽带的国际一体化分工和生产体系。加工贸易在国际贸易的份额不断增大，成为发展中国家融入全球生产网络、推动出口增长的重要途径，也是发展中国家利用外资，带动本国产业融入国际分工，推动产业技术进步、升级的重要手段，并逐渐发展为国际贸易的主要形式。

作为一种新兴的特殊贸易形式，加工贸易在中国香港、中国台湾等地区以及韩国和马来西亚等国家得到蓬勃发展，其他发展中国家争相学习模仿。此贸易形式是随着出口加工区的兴起而发展起来的。从加工贸易的主要承接方来看，发展中国家占据了绝对大的比重。20 世纪 60 年代初开始，"亚洲四小龙"和很多发展中国家，贸易战略从进口替代转向出口导向。这些国家和地区大多具有土地面积狭小、自然资源匮乏、本国市场规模较小、劳动力严重过剩等共同特征，它们采取了不同种类的以鼓励出口加工为目标的经济政策，鼓励企业参与加工贸易。1959 年最早出现在爱尔兰香农的出口加工区（The Shannon Export Processing Zone），从 20 世纪 60 年代中期开始在发展中国家推广应用。事实上，出口加工区对促进发展中国家参与加工贸易发挥了关键作用，催生了"东亚奇迹"。众多发展中国家积极参与加工贸易，形成了对加工贸易的争夺大战。加工贸易是体现中国经济开放成长道路内在规律的重要现象之一。从全球范围来看，加工贸易也是绝大多数发展中国家经济开放的重要组成部分。在不算长的发展历史中，加工贸易表现出惊人的巨大发展潜力。

关于加工贸易的概念有几个方面需要进一步清晰：第一，加工贸易的产品对象不但可以是货币也可以是服务，因此加工贸易既可以是有形贸易，也可以是无形贸易。事实上，除了制造业的加工贸易外，服务业的加工贸易早已出现，并快速发展，服务型加工贸易代表着全球生产网络转移的新趋势，开辟了加工贸易的新前景。第二，加工贸易并不局限于原材料和最终产品。第三，加工贸易的生产目的是出口。其产品不进入本国市场销售和消费。

（二）中国加工贸易的分类

在中国的对外贸易统计中，加工贸易包括来料加工装配贸易（简称"来料加工"）和进料加工贸易（简称"进料加工"）。来料加工装配贸易属于受托性质的加工贸易业务，是指进口料件由外商提供，即不需付汇进口，也不需用加工费偿还，制成品由外商销售，经营企业收取加工费的加工贸易，而进料加工属于境内企业自主经营性质的加工贸易业务，是指企业（包括外资企业和本土企业）自主进口料件，自主出口制成品的加工贸易。按照目前中国的外贸统计办法，来料加工和进料加工的进出口值全额纳入外贸统计口径；进料加工出口值全额纳入工业产值和工业增加值统计口径中，而来料加工则只有工缴费收入部分纳入。

来料加工与进料加工的联系：料件都是进口，制成品都是出口，即"两头在外"；料件和制成品都属保税范畴；目的都是赚回外汇。两者区别：来料加工企业在国内并没有实际意义的自主经营，只是以合作的方式与国内的经营企业建立业务关系；进料加工企业则是依照有关的法律法规在国内成立的独立法人（包括外资企业和本土企业），可根据实际情况自主调整生产料件和制成品的购销方式，使其加工成品最低限度地受到影响，并能迅速地适应和发展。具体来讲，来料加工与进料加工的区别有三点：料件的所有权不同、制成品的所有权不同和企业的经营风险及收益不同。总体来说，进料加工企业，自主性更强，风险和收益也更大，是更高级的加工贸易形式。

（三）加工贸易的两个认识误区

来料加工是一种需改进的企业形式，加工贸易转型升级就是促使来料加工发展成外资企业。其实，加工贸易转型升级所涵盖的内容极广，不仅是企业形式的变化。且来料加工这一贸易方式也可被高新科技产业运用，珠三角许多高新科技产业及其配套项目就是通过来料加工经营发展的。

有人把加工贸易等同于来料加工，认为来料加工转型后就可以不受加工贸易政策调整的影响了。其实不论是哪种企业形式，只要从事加工贸易就一样受政策调整的约束。

二、国外相关理论和观点综述

自亚当·斯密始，贸易影响经济的作用、方式和机制等课题引发了经济学家们一波又一波的研究热情。20 世纪 80 年代以后，越来越多的学者的开始研究加工贸易对经济、技术的影响产生的正面效应和负面问题。加工贸易对经济的积极作用：提高储蓄与增加外汇（Warr，1990；World Bank，1992）；减少失业，促进就业，促进发展中国家实现人力资源积聚（Kusago 和 Tzannatos，1998；Madani，1999）；参与技术密集型产品的生产加工，有机会见识和学习先进的工艺、生产技术和管理方法，得到有益于技术升级的技术扩散与外溢效应（Rhee 和 Belot，1990；Ge，1999）等。但是，加工贸易对经济也有消极影响：加工贸易特别是出口加工区，会导致东道国的产业发展与自身的比较优势相违背，结果引起经济的无效率增长（Hamada，1974；Rodriguez，1976；Hamilton 和 Svensson，1982）。各级政府在招商引资中，甚至以劳动者工作条件的下降、工会权利的减弱为优惠政策，这样，加工贸易的发展不仅不可能有效解决经济中现存的问题，却有可能降低劳动者福利，而且地区间合作可能被阻碍（Jauch，2002）。

实证方面，国外关于产品内分工、贸易及加工贸易的经济增长、技术进步效应的研究内容大部分显现在出口加工区的相关资料中，大都以引力模型为计量分析工具。有的学者经过实证，得出加工贸易促进经济增长、推动技术进步的结论，如马来西亚于 20 世纪中期大力建设发展出口加工区，此举显著地推动了当地的经济增长（Jo – hansson 和 Nilsson，

1997）。加工贸易是全球价值链体系的链节之一，跨国公司为提升产品质量，增强产品竞争力，扩大市场份额，可能给予从事加工生产的国家相关的技术支持，结果成为加工贸易承接国经济增长、技术进步的动力之一（Humlhrey 和 Schmitz，2002）。发展中国家以加工贸易形式汇入国际分工体系，会收获发达国家的技术外溢效应，而且，在多种多样的交流合作中，干中学效应也是显而易见的（Ernst，2001；Francis，2004）。研究中国的办公设施、通信器材等行业后，得出结论，虽然加工贸易只是涉足高技术产品的低端环节的生产，但长期来看，慢慢能够沿着国际分工链条向更高端攀登进步（Amighini，2005）。当然，同时存在大量反对观点。如：加工贸易大规模进口原材料和中间投入品，进行组装加工，于是能真正提高国家竞争力的高端关键核心技术的研发不受到重视，严重后果是被禁锢在产业链的低端（Cramer，1990）。发展加工贸易会得到一些短期经济利益，但促进经济长远发展的有利因素难以形成并积累，实现不了国家竞争力实质的提升（Gereffi，1999）。1990—1997 年的制造业的数据证实，墨西哥的加工贸易发展快，规模大，但加工贸易生产部门与本国的其他生产部门关联很少，辐射面很窄，所以推动经济增长的效果很小（Gorg 和 Strobl，2001）。

在国外的资料中，没有"加工贸易"这一项内容。加工贸易是全球产品内国际分工的产物，是生产与贸易相结合的过程。因此，国外对于产品内国际贸易和国际直接投资促成的技术进步效应的研究，是与本书相关的文献。这些文献基本都是实证研究，采用了各种各样的计量工具。

有的学者以连续型 HO 模型为计量工具。多恩布施费希尔和萨缪尔森（Dornbusch，Fischer 和 Samuelson，1980）首次构建了此模型，芬斯特拉和汉森（Feenstra 和 Hanson，1996）对模型进行了改进。分析了在开放经济条件下，在产业间、产品内国际分工和贸易的框架内，发展中国家承接了发达国家的产业转移，即发展中国家开展加工贸易，在这一生产和贸易相结合的过程中，频繁发生着跨国投资和中间投入品国际贸易，导致发达国家和发展中国家的产业技术密集度都得以提升，进而推动双方国家的技术进步。特别是承接中等技术密集型产品的产业转移，促进发展中国家技术进步的效果显著。

很多学者以一般均衡模型为计量工具。朱（Zhu，2004）进行实证研究后认为，在发达国家，随着科学技术水平和快速提高，一些高技术水平的产品变成中等技术水平的产品，即由技术密集型产品降为非技术密集型产品，但由于科技水平存在差距，这些中等技术水平的产品在发展中国家却是技术密集型产品，发展中国家承接发达国家此类产品的转移，推动了发展中国家的技术进步。皮萨利德斯（Pissarides，1997）应用内生增长理论，说明先进技术具有传播特点，从发达国家转移到发展中国家的一种有效渠道是国际贸易。阿西莫格鲁（Acemoglu，1998、2003）在研究时将国际贸易和技术进步的要素偏向联系起来，结果表明，开放经济条件下，国际贸易使发展中国家接收到源于发达国家的技术创新成果，进而推动科学技术进步。此类技术进步的特点是高技术工人偏向型。维迪尔（Verdier，2003）研究认为，国际贸易促使国际竞争更加剧烈，要立于不败之地，企业进行防御性技术创新是必要的。伯曼和梅钦（Berman 和 Machin，2000）利用 37 个国家制造业的数据进行实证研究，这些国家收入水平有差异，结果证实，技术在不同的国家间转移是普遍现象，特别是高技术偏向性的转移更频繁。迈耶（Mayer，2001）考察了技术在不同收入水平的国家间的转移，高收入国家向中、低收入国家出口资本和设备，将使中、低收入国家增加高技术劳动力的需求。费尔南德斯（Fernandes，2004）利用世界银行的统计数据，以巴西、中国等发展中国家和新加坡等新兴发达国家为研究对象，分析了国际技术在FDI、专利引进和中间投入品进口等渠道的传播效果，结果显示，全球技术转移中，进口和 FDI 是重要有效渠道，尤其是针对技能偏向型的技术创新，效果显著。格罗斯曼和埃尔普曼（Grossman 和 Helpman，1991）基于"创新驱动"增长理论，研究证实，R&D 过程中，如果发明了新型中间产品，与原来的中间产品相比，垂直差异更显著，新型中间产品在进口过程中，得益于合作方的研发及技术传播效应，于是进口国生产力得到提高。因此，得出中间投入品的进口会引起技术扩散的结论。

经济学家罗默（Romer，1990）研究分析认为，技术进步的来源渠道除了本国自身研发投入，还有外国 R&D。国际贸易中，东道国将从 R&D 收获直接或间接的技术溢出。所以，建立在产品内国际分工、贸易基础上的加工贸易，无疑是发展中国家获取技术溢出的有效渠道。科和埃尔普曼（Coe 和 Helpman，1995）以工业发达国家为样本，实证考察了 R&D 溢出在国际贸易中，对进口国全要素生产率增长的促进作用，也就是贸易的技术进步效应问题。以进口比作为权数，利用面板数据，通过实证对 OECD 国和以色列等 22 个国家进行研究表明，国际贸易中，对于进口国而言，技术进步效应源于 R&D 资本投入，进一步得出进口国的全要素生产率的提升一定程度上得益于出口国的研究开发投入的结论。后来有学者针对发展中国家的情况进行了探讨。科和埃尔普曼（Coe 和 Helpman，1997）基于前人研究的基础，以 77 个发展中国家的数据为样本，研究发达国家的机械设备的出口产生的技术溢出对发展中国家全要素生产率的影响，结论是，国际贸易中，发达国家出口的技术溢出与发展中国家的全要素生产率，正相关关系非常明显，且人力资本存量与进口的技术效也呈现出明显的正相关关系。所以，在国际贸易中，发展中国家与发达国家共享 R&D 成果的重要因素是较丰富的人力资本。法尔维、福斯特和格里纳韦（Falvey，Foster 和 Greenaway，2002）以 5 个 OECD 国家和 52 个发展中国家为样本，研究结果是，在发达国家与发展中国家的进出口贸易中，就得到的技术进步效应而言，发展中国家显著得多。希夫和王（Schiff 和 Wang，2002）以 32 个欠发达国家的 16 个制造业部门为样本，结果显示，欠发达国家的全要素生产率的技术进步效应在所有进口中都得到体现，相对而言，来自发达国家的进口表现得更显著。

在内生经济增长理论产生后，渐渐有学者来关注 FDI 的技术进步效应。杜加尔（MacDugall，1960）最早研究了这个问题。凯夫斯（Caves，1971）则较全面地阐述了这个问题，特别针对 FDI 的技术进步的形式提出了独到的见解。凯夫（Cave，1974）和格洛伯曼（Globerman，1979）对此进行了实证研究，成为后人的蓝本。后来的研究主要分为两类，发达国家和发展中国家。针对发达国家的代表性研究，凯夫（1974）、因布里亚尼（Imbriani，1997）将美国、澳大利亚、加拿大以及欧盟国家纳入研究视野；针对发展中国家的代表性研究，如科科（Kokko，1996）、巴桑特（Basant，1996）和斯约霍尔姆（Sjoholm，1999）将泰国、马来西亚、印度、印度尼西亚等纳入研究视野。结论是，世界任何国家，外资企业都显著地促进了当地企业的技术进步。当然，也有学者研究认为 FDI 技术进步效应要满足一定条件才得以实现，比如哈达德和哈里森（Haddad 和 Harrison，1993）、艾特肯和哈里森（Aitken 和 Harrison，1999）等人针对摩洛哥、委内瑞拉等国家和地区的一系列研究。

三、国内相关理论和观点综述

（一）加工贸易的经济增长效应

有的学者的研究结果显示，加工贸易对经济增长的促进作用异常显著，而有的学者则认为与其他方式比较，加工贸易对经济增长的促进作用显得微弱。

一种观点认为，加工贸易对经济增长的促进作用异常显著（孙玉琴，2013）。利用国民收入恒等式进行计算，得出中国加工贸易对经济增长具有正面促进作用的结果（刘志忠、王耀中，2003；赵晓晨，2011）。运用线性回归和协整等计量分析方法，得出中国加工贸易对经济增长有十分显著的积极作用的结论（闫国庆、陈丽静，2005；黄菁、赖明勇，2005；

娄朝晖，2011；张京红、王生辉，2015）。

另一种观点认为，加工贸易对经济增长的促进作用显得微弱。这是与上述内容不同的观点。"体外循环"是加工贸易运行的独特之处，导致加工贸易与本国前后向产业关联度不大，带动效应小，产业链的国内部分极有限，增值率一直徘徊不前（顾建清，2000；徐剑明，2003；袁欣，2005；朱钟棣、李璇，2007；赵玉敏，2012）；且加工贸易自20世纪90年代以来，大多是由外资掌控，导致中国在国际分工体系中层次低（关志雄，2002；卢锋，2004；高宇，2014；张京红、王生辉，2015），贸易条件恶化（潘永源，1999；王珍等，2007；易雪玲，2007；高宇，2014）。加工贸易对中国中部地区的湖南省的经济增长有一定的贡献，但这种作用显得较微弱。原因是湖南省加工贸易总体规模小、技术水平较低等（兰勇，2008）。比较有代表性文章：宣烨（2008）利用1995—2006年的数据，经实证检验得出结论，中国的经济增长确实得益于加工贸易的发展，但是与消费、投资和一般贸易相对比，贡献率明显低；而且，就产品国际竞争力的提升效果来说，研发投入比加工贸易显著得多。闫国庆等（2009）刊登在《经济研究》的文章，利用1995—2007年的数据，通过计量分析得出结论，加工贸易弹性系数（0.76）几乎只是一般贸易的弹性系数（1.41）的一半，所以，虽然两者与经济增长都显示正相关关系，但后者的作用更为显著。还有，由于"两头在外"，且所有权在进出口中几乎不变，结果是在国际收支平衡表里显示的金额庞大，但只有极小的部分统计进GDP，于是，就经济增长的直接贡献而言，加工贸易不明显。最终推断，加工贸易推动经济增长的效果需要较长一段时间后才能得以印证。胡兵和乔晶（2009）的研究利用1991—2007年共28个省份的数据进行研究，结果表明，要素生产率差异是促进经济增长的主要原因。所有出口部门对经济的外溢效应都不明显，只有外资企业有不明显的负向外溢效应。迟旭蕾和李延勇（2014）以中国加工贸易最为发达的广东、上海、江苏三地为研究对象，重新考察加工贸易对区域经济发展的技术溢出效应。研究发现，加工贸易对全要素生产率的贡献为负值，影响了技术进步。

（二）是否要发展加工贸易

有的学者以当前静态利益比较小为由，对发展加工贸易持反对态度；而有的学者强调动态利益，比较支持发展加工贸易。

反对态度的观点：加工贸易，原料或中间投入品来自海外（来料或进料），加工或组装在国内完成，然后复出口。显而易见，"两头在外"，使得加工贸易国内采购比例很小，几乎不可能推动国内相关联的上下游产业的发展，对于中国产业的战略升级作用很有限（夏虹，1998；叶克林，2011；于瀚、肖玲诺，2013）；而且为占据更大的出口市场份额，加工贸易与一般贸易相互竞争，出口产品可能降低价格，于是中国的对外贸易会显现出"贫困性增长"的恶性循环（潘永源，1999；于瀚、肖玲诺，2013）；这些因素共同作用，在全球范围内，无论分工层次还是利益分配都将陷入被动境地（廖涵，曹仕庆，2002；胡峰，2012；赵玉敏，2014）；加工贸易大规模的进口，长此以往，将依附于外资，不会促进中国技术创新，不利于中国经济的长远发展，所以加工贸易应适时停止。中国实现工业化应走技术创新和品牌建设之路，自主研发，掌控核心关键技术，充分利用中国大市场培育大企业（李蕊，2005）。

支持态度的观点：虽然加工贸易引发的问题多种多样，但是其对中国经济的巨大贡献也是有目共睹的：让中国在短时间里融入国际分工体系，贸易规模快速扩大，提供了数量巨大的就业机会，换回大量的外汇，使中国有资金购买先进技术，引进大量外资，产生一定程度的技术进步效应，拉动了前后关联产业的发展等。总体来看，功大于过（隆国强，2003；张华初、李永杰，2004；张旭宏，2004；闫国庆等，2009；匡增杰，2013；刘德学，2015）。近来，加工贸易促进中国产业的技术进步是这类研究的主要观点。新产品、新工艺、新技术、新管理方法等随加工贸易引入中国，推进中国建设了满足国际市场要求的制造业，技术进步效应是显著的（国务院发展研究中心课题组，2003；沈克华，2011）。跨国公司是世界经济与贸易增长的主要微观主体，承接其外包，东道国企业技术进步的概率更大，加工贸易企业于是获得国际技术进步效应（喻美娇，2007；沈克华，2011；于瀚、肖玲诺，2013）。

上述争论，双方看似对立矛盾，但实质上殊途同归。国家经济发展的核心竞争力源于技术进步是双方共同的观点。其中一方的关注角度是加工贸易"加工程度低、技术含量低"，呼吁要自主创新，提高中国技术水平；而另一方从动态利益角度，强调加工贸易对承接国技术进步的作用。综上所述，是否要发展加工贸易，目前理论和实践界大多没有异议，是支持肯定的。

（三）加工贸易控制模式

20世纪90年代以来，中国加工贸易的主体变为外资，其中，跨国公司担当了全球生产网络的主导者和治理者的角色。跨国公司决定加工贸易中的产业链上的大部分内容，如每个链节上的价值分配，产业链的长度、深度、转型和升级，等等（联合国贸易与发展会议，2012；Gereffi 和 Memodovic，2013）。从生产控制模式的角度，运用全球价值链为分析逻辑，研究了中国加工贸易的以下问题：测度其对经济增长的贡献、区分产业类型探讨其不同的特征和转型升级的可行路径等（沈玉良，2009；孙楚仁，2013）。左右中国加工贸易企业生产控制模式的主要因素是不完全合约、资产专业性、谈判力、产业特点和劳动生产率，这些因素决定了中国不同地区、不同产业的加工贸易生产控制模式的选定（王怀民，2007；沈玉良，2009、2012；孙楚仁，2013）。

上述研究，阐述了全球生产网络的主导者是跨国公司。跨国公司的面向世界市场的复合一体化战略，即以跨国公司为首，根据世界各国或地区不同的比较优势、竞争优势状况，将其配置在同一产品链或价值链的不同环节上，即同一产品的不同生产环节被分散到世界各地，最终形成国际一体化生产体系。劳动密集型的制造加工环节配置到发展中国家或地区，中国的加工贸易就是范例之一。所以，中国加工贸易的生产运营机制是全球生产网络。这些文献，印证了"加工贸易是中国获取国际技术进步效应的有效渠道"的观点。

（四）加工贸易发展的可持续性

学者们从内涵、模式、指标、管理和对策等角度，对加工贸易的可持续发展进行了探讨。

多年的发展，加工贸易对中国经济结构的提升作用巨大。但由于市场有限、自然资源日益枯竭和环境生态的恶化等因素，其可持续发展困难重重（李双菊、戴翔，2006；周念利，2007；傅京燕，2008；傅钧文，2010；于瀚、肖玲诺，2013；汤子隆，2014）。更具体的研究，利用1985—2003年数据，结果显示，可持续发展水平一直在提高但缓慢，且在很多时候，付出消耗资源和破坏环境的巨大代价，得到有限的出口效益。贸易条件持续恶化，迅速扩大的出口规模的没产生相应的效益（周念利，2007；于瀚、肖玲诺，2013）。解决此问题的一个思路是采用逆比较优势战略（尹浩华，2015）。

近年来，对于贸易可持续性的实证研究，主要在建立引力模型的基础上（施炳展、李坤望，2009；鲁晓东、赵奇伟，2010；乔晶，2011；周丹、陆万军，2015），从出口潜力视角展开分析。结果显示：中国的出口，在总体上表现为"贸易过度"（盛斌、廖明中，2004；陈阵，2014），但是无论是与发达国家，如日本（盛斌、廖明中，2004；田晖，2015）、欧盟、加拿大和澳大利亚（孙林，2008；田晖，2015），还是与发展中国家，如墨西哥、印度（孙林，2008）、东盟的多数国家（赵雨霖、林光华，2008；田晖，2015），都存在"贸易不足"，贸易潜力巨大，等待开发。

（五）加工贸易技术升级的研究

最近的一些实证研究（姚洋、张晔，2008；姚洋、章林峰，2008；许斌，2008；杜修立、王维国，2007；黄先海、陈晓华、刘慧，2010；孟祺，2012；齐俊妍，2012；王明益，2014）显示，近几年来，许多技术含量和品质较高的产品在中国生产并出口，技术含量持续不断提高，甚至超越了中国本身经济的发展水平。代表性较强的有以下文章。

姚洋、张晔（2008）在《中国社会科学》发表了一篇文章，首创了产品国内技术含量的概念，使用 1997—2002 年的数据，基于投入—产出表来测算出口品的国内技术含量，得出结论，全国以及江苏省的这一指标下降迅速，而且全部技术含量提高也不明显；广东省的这一指标先降后升，呈 V 字形变化。由此推测中国的该指标下降可能只是一个短期的、暂时的现象。

杜修立、王维国（2007）在《经济研究》发表了一篇文章，从国际比较的视角，在 SITC 三位码分类水平下，利用 1980—2003 年的数据，得出研究结论，改革开放后，中国的出口贸易，从整体水平来看，提高非常大；从技术结构高度来看，几乎没有明显提高；从技术结构分布来看，发生了不同寻常的巨大变化。但与世界水平的差距缩小幅度很小。

黄先海、陈晓华、刘慧（2010）在《管理世界》发表了一篇文章，用复杂度来测度出口产品的技术含量。运用豪斯曼模型，使用 1993—2006 年数据，测算了全球 52 个国家的出口复杂度，得出结论：该指标的发展动力，发达国家是经济增长，发展中国家为出口增长，但中国 2000年左右已转变为经济增长推动型；目前中国已积累了一定的技术优势，但与发达国家相比，这一指标绝对额小，提升速度不快。

上海社会科学院沈克华（2011）的博士学位论文利用全要素生产率，使用改革开放三十多年的数据，研究了加工贸易国际技术溢出对中国技术进步和技术创新能力的影响。

王明益（2014）在《统计研究》发表的文章以坎多尔沃夫（Khandelwal）的出口产品质量测度思路及贝里（Berry）的嵌套罗吉特（Logit）模型，构建了测度中国出口产品质量的理论框架。测度结果表明：我国制造业总体的质量水平呈缓慢上升趋势，但各行业表现出不同的特征。我国制造业总体的质量水平呈缓慢上升趋势，其中，初级产品质量水平最低，资本密集型产品的质量水平相对最高但有一定波动，劳动密集型产品质量稳定上升但速度平缓。

上述研究主要针对进出口贸易，基于加工贸易是进出口贸易的主要组成部分，这些方法应该也适用于加工贸易的研究。

综上所述，近些年计算出口技术含量的方法主要有三种：一是复杂度指数法，选取的权重有出口规模或比较优势等，建立各类修正的技术复杂度指数。二是复杂度评分法，分组标准，高技术产品目录的统计数据，或 OECD 国家的出口结构来划分技术构成。三是投入—产出法，即进行测算的依据是投入产出表。这些方法的一个共同特点是：将产品技术含量视为一个整体，没有将一个产品在不同国家不同生产环节上的分工纳入考虑，即某国的具体生产环节的技术含量（DTC）没有从产品的全部技术含量中剥离出来。

因此，本书关注了此问题。将基于前人的研究，在书中把产品内分工纳入思考范围，设计量度测定的相关方法，探讨中国加工贸易的产品国内技术含量的变化及其长期演变趋势，进而，思考中国出口价值链的变迁和外贸发展方式转变。

（六）加工贸易的转型升级

增值率低、技术水平低、制造工艺不完美，耗能高、污染大和贸易争端频繁等，此类加工贸易弊端的解决依靠加工贸易的及时转型升级（马强，2005；王子先等，2004；隆国强，2003；潘悦和杨镭，2002；崔大沪，2012；于瀚、肖玲诺，2013；汤子隆，2014；高宇，2014）。

于是，出现不少对策，大多强调延长加工贸易的产业链、价值链的国内部分，提高国内上下游关联企业的技术水准。总体有两类：一类是从宏观，即政府制定相关政策措施的角度。应与时俱进，适应加工贸易的发展变化，建立一系列有利于转型升级的规范制度。如完善深加工结转等（闵天，2000；张旭宏，2004；高宇，2014）。另一类则是从微观，即加工贸易企业个体的角度。如想方设法提升国内上下游关联企业的配套生产能力，让加工贸易的原料和中间投入品由进口转为国内采购（廖涵，2003；徐剑明，2003；张丽平，2003；赵晓晨，2011；赵玉敏，2012）。

基于当前产品内国际分工、贸易和生产的现实情况，学者们指出了加工贸易转型升级的路径选择，即顺着价值链环节向上攀登：简单的组装→复杂的组装→零部件制造→零部件研发→最终产品研发→自有品牌产品的研发、设计和生产（朱有为、张向阳，2005；闫国庆，2009；于瀚、肖玲诺，2013；迟旭蕾、李延勇，2014；王生辉、张京红，2015；刘德学，2006、2015）。但是，有学者从跨国公司的全球治理模式的角度来看待这个问题，对上述加工贸易升级路径的可行性提出质疑（沈玉良、孙楚仁、凌学岭，2007、2013；王怀民，2007；沈玉良，2009、2012）。

总之，技术进步是加工贸易转型升级的中心议题。

第二章　加工贸易转型发展及其路径选择：一个分析框架

本章首先从产品内国际分工理论、产品内国际贸易理论、全球生产网络理论等不同的角度分析国际经济中的加工贸易。然后探讨加工贸易转型发展的理论基础：单个厂商的最优化生产决策问题，出口与水平 FDI 选择、垂直 FDI——国外或是国内组装，国外组装方式的选择——FDI 与加工贸易。最后探讨技术升级在加工贸易转型发展的作用，并分别就技术升级（Ⅰ）、技术升级（Ⅱ）构建了加工贸易技术升级的路径选择，从企业和政府两方面探讨了加工贸易的技术创新之路。

一、国际经济中的加工贸易：不同角度的分析

本节从产品内国际分工理论、产品内国际贸易理论、全球生产网络理论等不同的角度分析了国际经济中的加工贸易。

（一）产品内国际分工理论

"国际分工既是世界市场和世界经济形成的最基本动因，也是一国国际贸易和国际经济作用的最核心基础。"[1] 早在 1776 年，"经济学之父"亚当·斯密就指出分工可以提高劳动者的熟练程度，使每个劳动者专门从事某项生产，节约与生产没有直接关系的时间，精力集中在比较狭窄

---

[1]　金芳：《国际分工深化趋势及其对中国国际分工地位的影响》，《世界经济研究》2003年第 3 期。

的领域，有利于发明创造和改进工具，从而促进专业技术的发展。因此，专业化国际分工是国际技术进步的基础，在当今经济全球化背景下，产品内国际分工则是国际技术进步的基础。①

1. 产品的概念

产品内国际分工理论的核心概念："产品"，应该是基于市场营销学的总体产品概念。根据科特勒（1997）的描述，一个总体产品是由三个层次组成的。产品内国际分工就是在这三个层次之间以及每一个层次内部的分工。第一个层次是核心产品，即消费者真正购买的核心价值或是解决问题的服务。例如，消费者购买轿车的时候，他们真正需要购买的其实是生活的便利、舒适和享受，对于名牌车而言，甚至是一种身份和地位的象征。这种消费核心价值有时候甚至是潜意识的，成功的厂商恰恰是善于开发和捕捉这些潜在的消费核心价值，并将其显性化、清晰化和大众化，从而"引领"消费潮流，占领价值链的高端。最经典的案例，比如从来不具体生产运动衣鞋的运动品牌巨头耐克。第二个层次是实际产品，即能够带给消费者核心价值的具体产品或服务，包括设计、品牌、质量、特征、包装和价格等属性。这是可以感知的，是实现消费核心价值的物质基础，也是检验产品是否名副其实的实质部分。在这一个层次，"质量"主要取决于设计、生产的技术、产品工艺流程和一线操作工人的技术水平。文章中产品内国际分工理论建模和实证分析的主体也是这一部分，即如何在保证产品质量的前提下，将产品的生产制造过程分解到不同的国家、地区完成。第三个层次是扩展产品，即围绕核心价值和具体产品，为购买者提供的增值服务或附加利益，包括产品送货、消费信贷、安装调试、使用说明、帮助、质量保证、售后服务、维修等。在竞争白热化的市场环境里，扩展产品往往成为企业克敌制胜的

---

① ［英］亚当·斯密：《国民财富的性质和原因的研究》，商务印书馆 1972 年版，第 9—11 页。

法宝。这些增值服务或附加利益往往并非由实际产品生产者提供，而是由第三方提供，比如由专业的物流公司负责送货。①

2. 产品内国际分工

国际分工既是世界市场和世界经济形成的最基本动因，也是一国国际贸易和国际经济作用的最核心基础。"② 伴随着国际贸易的发展和世界科技的进步，国际分工的形式和趋向更加复杂化和专业化、精细化。第三次科技革命使产品生产的不同环节之间的分离成为可能，从而导致越来越多产品的工序流程开始跨越国界，一种新型的分工模式——产品内国际分工出现了，并很快成为主要模式。

Arndt，W. Sven（1997）③ 首次采用产品内分工这个概念，但并没有对这个概念进行详细解释。中国学者卢锋（2004、2005）④ 较为全面地回顾了"生产工序国际分工"的发展历程并从全球生产分工体系的角度概括和提炼了产品内分工的概念：产品内国际分工是一种特殊的经济国际化过程或展开结构，其核心内涵是特定产品生产过程不同工序或区段通过空间分散化展开成跨区或跨国性的生产链条或体系，因而有越来越多国家参与特定产品生产过程不同环节或区段的生产或供应活动。金芳（2006）、张纪（2007）又依据分工外延边界的不同，提出产品内国际分工的概念：产品内国际分工是一种特殊的经济国际化过程或展开结构，其核心内涵是特定产品生产过程中不同工序、不同区段通过空间上分散化展开，分布到不同区域，每个国家专业化于产品生产价值链的特定环节，最终形成跨区域或跨国家的生产链节体系。⑤

① 史本叶：《垂直专业化与产品内贸易研究》，吉林大学，2008 年。

② 金芳：《国际分工深化趋势及其对中国国际分工地位的影响》，《世界经济研究》2003 年第 3 期。

③ Arndt，Sven W.，"Globalization and the Open Economy," *North American Journal of Economics and Finance*，1997，Vol. 8，No. 1，pp. 71 – 79.

④ 卢锋：《产品内分工：一个分析框架》，《经济学（季刊）》2004 年第 10 期。

⑤ 张纪：《产品内国际分工：动因、机制与效应研究》，上海社会科学院，2007 年，第 20 页。

杨小凯教授认为，当分工在迂回生产中演进时，将中间产品的交易替换为劳动交易的可能性意味着，可能的交易结构的种类数的增长会超比例增长。因此，当分工演进时，提高交易效率和提高生产率的潜力越来越来自于寻找有效的交易和企业所有权结构的企业活动。当交易效率改善后，在不断增长的迂回生产链中的分工程度就会演进，由此在公司之间和每个公司内部为更深入的分工创造机会。由于在迂回生产和最终部门之间存在分工的网络效应，因此，如果劳动和中间商品的交易效率，两者的改善速度不同步，分散在市场的网络分层结构和每个公司内部集中的分层结构之间的均衡区分线也会演进。可以认为，除非限制人口总体规模（不同职业的种类不能大于人口规模）和交易成本，深入分工潜力在生产活动中是不会枯竭的，比如大于一万个零件的飞机、汽车的生产过程，每一个零件的生产包含的许多从属过程都蕴含更深入的分工（杨小凯，2003）。单纯从实际产品生产制造的角度分析，产品内国际分工本质上就是一种生产迂回过程的增长。传统上认为，产品应该在一个国家内部完成全部制造过程，目前变为在不同的国家分散完成制造过程中不同的环节，从而国际分工，从产业间（使用替代性较低的不同产品间）、产业内（使用替代性较高的差异化产品间）演变发展为产品内（不同生产环节间）。①

产品内国际分工既没有否定传统产业间和产业内国际分工，也不是一种可有可无的补充。产品内国际分工得以蓬勃发展，是专业化经济和交易效率得到极大提高之后的国际分工自然演变的结果。产品内国际分工仍然还具有产业间和产业内国际分工的特点，因而，产品内国际分工既可表现为产业间分工，例如各个不同国家间服务业和制造业之间的分工，或将一国电子产业的零部件用于别国玩具产业或汽车产业的产品，

---

① 杨小凯：《经济学：新兴古典经济学与新古典经济学》，布莱克维尔出版公司2000年版，第383—385页。

也可表现为产业内分工，例如国家之间属于同一个产业的不同零部件或者工序流程分工。显然产品内国际分工已经突破了产品本身的限制，深入到了产品内部不同的层次和环节。此外，在国际分工实践的组织结构层面，产品内国际分工的表现形式多样，基于保持距离型交易的企业间国际分工是形式之一，跨国公司的企业内国际分工也是一种形式。总之，产品内国际分工是对产业间和产业内国际分工的提炼、综合与升华。①

（二）产品内国际贸易理论

产品内贸易本质上无疑是经济全球化和垂直专业化发展的必然结果。其前提是科学技术的进步，使得生产过程中各工序实现了分离；运输和信息交流成本下降、效率提高使交易成本得以降低。还有，关税等贸易壁垒的削减、发展中国家对加工贸易的鼓励优惠政策等均是促进因素。

产业是传统国际分工的边界，而同一产品的不同环节是产品内国际分工的边界。同一产品的不同生产环节被分散到世界各地，以充分利用比较优势，使得要素成本大大降低；而同一产品的相同环节则集中在同一地区，可得到规模经济产生的效益。产品内国际分工使贸易目的由传统"为消费而贸易"转向"为生产而贸易"。所以，产品内贸易是产品内国际分工发展演变的必然结果。

1. 产品内贸易的概念

产品内贸易（Intra - product Trade）是指由垂直专业化或产品内分工所引起的中间投入品贸易。其中具体的内涵：一是产品的界定，这里的产品是指能独立发挥某种消费和生产功能的物品，分为可直接消费利用的消费品和继续投入生产的资本品。二是中间投入品的界定，指贸易中的零部件、配件、组件和处于不同加工工序的中间产品等（不包括作为原料的农矿产品等）。依据产品的最终用途，联合国将贸易数据划分为和

---

① 史本叶：《垂直专业化与产品内贸易研究》，吉林大学，2008 年。

国民核算体系（SNA）相对应的资本产品、中间品（半成品和零配件）和消费品，基本明确了中间投入品的范围。[①]

2. 贸易理论发展历程

从亚当·斯密开始[②]，经济学家就一直致力于发展和完善各种贸易理论，尝试解释国际贸易何以发生（原因）、如何发生（模式），以及贸易利益的获得（结果）等问题，其目的不仅在于分析解释已发生的国际贸易事实，更在于试图指导各国或地区参与国际贸易的实践，从而促成贸易收益最大化，以更好地促进本身发展。依照亚当·斯密的绝对优势理论和李嘉图的比较优势理论的分析逻辑，以外生技术差异即劳动生产率差异为基础，古典贸易理论分析解释不同国家或区域之间贸易发生的原因和基础，以及不同国家或区域参与贸易的模式与格局。该理论指出，不同国家或区域拥有不同的绝对或者比较优势，依据优势参加生产分工和进行商品交换，然后让具有生产优势的商品出口。进口外国的优势商品，资源的更优化配置得以实现，劳动生产率得以大幅提高，贸易各方都能获益。建立要素禀赋模型的新古典贸易理论则强调，除了劳动力，生产过程还需要其他要素投入，因此，除了劳动生产率差异，不同要素之间的比例，各国占有的要素的相对充沛程度等，使各国生产成本受到影响，最终都会对贸易产生影响。新古典贸易理论认为，相对资源禀赋这一基本因素决定了国家比较利益，这里的资源主要指天然资源、劳动和资本等投入要素；通过贸易互通有无，各国拥有的要素差异一定程度上得以缓解和弥补，并使得不同国家的不同生产要素均能够得到更为有效的利用，国际生产分工更为合理，从而促进参与贸易国家的经济福利。很长时间里，古典、新古典贸易理论居于主流理论的统治地位，但随着

[①]　田文：《产品内贸易论》，经济科学出版社 2006 年版，第 6 页。

[②]　国际贸易理论的实质是研究生产分工和商品交换，其起源和发展甚至可以追溯到出现分工交换思想的古罗马古希腊时代，亚当·斯密之前的贸易思想主要包括重商主义和重农学派等，参见海闻、[美] 林德特、王新奎（2003）。

国际分工形态的变化，在解释当代世界贸易现实时逐渐缺乏说服力。克鲁格曼等学者逐步放松古典、新古典贸易理论的完全竞争、规模报酬递减等过于严苛的假设，发展出新贸易理论，使得国际贸易的理论研究更加深入，更加完整，也更加接近现实。新贸易理论的关注焦点：产业内贸易与路径依赖、外商直接投资与跨国公司的发展以及发展中国家与发达国家的技术、人力资本等方面的差距对经济增长的影响等，该理论特别强调国际贸易的静态收益与动态收益的联系与区别，并从市场竞争结构、规模经济效应等角度解释贸易动态收益的产生机制。①

在新贸易理论框架下，人们关于贸易促进经济增长的作用和机制的认识得以大大拓展，对出口促进经济增长的关注，逐渐由数量转向质量，由短期转向长期。在新贸易和新增长理论框架下，出口贸易的作用不仅仅是"剩余产品出路"和调剂余缺，出口扩张已经成为支持经济长期增长的重要因素之一（李钏、李国平、王舒健，2005）。但是，当今世界分工不断深化，研究新的贸易形态对于一国经济的影响及其作用机制，需要新贸易理论提供的分析视角和思路。在全球分工持续深化背景下，一体化的生产过程渐渐被分解成若干流程、工序或区段，有些在全球范围内被配置到低成本国家或区域进行生产，使得国际贸易逐渐由传统的产业间贸易向产业内进而向产品内贸易形态演化发展。在这样的大环境中，由于不完全竞争和规模效应的存在，某些国家或地区可能被锁定于不理想的专业化领域或阶段，从而导致经济福利和长期增长潜力受损。后来，新贸易理论产生，把企业异质性引入国际贸易模型中，从而将古典、新古典、新贸易理论的视角从国家和产业层面推进到企业微观层面。其基本理论框架由梅里兹（2003）构建，方法是一般均衡框架下的动态产业分析方法，模型蓝本是克鲁格曼的垄断竞争贸易模型，将企业生产率含于其中。该理论指出，在封闭经济环境下，低生产率企业可以继续

---

① 乔晶：《中国加工贸易发展的经济效应及可持续性研究》，重庆大学，2011 年。

生产存活，而贸易导致资源的重新配置，以上企业被市场淘汰，于是高生产率企业占据了市场份额，行业生产率水平得以提升，社会福利得到增进，贸易战略不是保护，而是大力推进贸易自由。①

3. 产品内贸易的特点

（1）中间产品具有一些专门特征。意思就是加工贸易的上下游的关联企业，要根据中间品的特点，进行相应的配套生产设施的投资，生产厂商应掌握专业的技术，生产出符合要求的中间品。这一特征决定了产品内贸易具体形式。有些中间产品，因为要素禀赋的不同或规模经济的巨大利益，国家或地区不同则生产成本不同，产品内分工和贸易产生了。反之，若专门特征要求较高，交易费用一般就较高，跨国公司会以国际直接投资渠道，进行纵向一体化的内部生产。矿石、石油、农产品等原料一般没有专门特征的要求，因此不属于产品内分工，归为一般的贸易产品。而如汽车、船舶、飞机制造、化工等是产品内贸易的重要行业部门。

（2）贸易范围扩展至产品内部。在传统的国际贸易理论体系中，独立产品和服务的交换范围是国际贸易的交易范围，也就是说，其界限并没有突破到产品内部工艺流程及零部件之间。在产品内贸易理论体系中，研发、制造与营销这三个环节组成了产品价值链，也成为产品内贸易的边界。垂直专业化分工背景下，控制者细分价值增值环节，并在成本最低的地方配置生产。科技研发、品牌运营和核心零部件的生产由跨国公司掌控，劳动、资源密集的加工组装则由发展中国家进行。国际分工和企业内部分工一致了。

（3）跨国公司发展为领导主体。跨国公司是世界直接投资的主力军，其直接投资规模多年来呈持续增长趋势。全球外国直接投资总额，2011 年为 1.66 万亿美元，2007 年为 1.54 万亿美元，1998 年为 0.64 万

---

① 沈克华：《加工贸易技术溢出的机制与效应研究》，上海社会科学院，2011 年。

亿美元，2011 年为 1998 的 2.58 倍。总部设在发达国家的跨国公司总数目前约 7 万家，1968 年约 0.7 万家，增加了约 10 倍。此外，跨国公司内部贸易迅速发展，跨国公司的海外子公司约 50 万家，创造的产值占全球产值的 25%，占母公司产值的 33%。跨国公司的产品内贸易流程，或者国外子公司从母公司进口中间投入品，经过生产加工然后出口产成品，或者不同国家的子公司之间进出口上下游产品，进行生产加工，产品行销海外。这种内部贸易，不同产品之间的贸易比例极小，而相同产品的不同零部件之间的贸易占了巨大的比例。因此，跨国公司是产品内贸易的领导主体。

（4）发达国家与发展中国家的贸易占绝对优势。比较优势和规模经济仍然是产品内贸易理论的基石，在生产国际化的大趋势下，发达国家与发展中国家之间的产品内贸易蓬勃发展，在产品内贸易中占领了绝对优势。在这一新型分工体系下，跨国公司依据国内和国外不同比较优势，将同一产品的生产配置在不同的国家，即发达国家和发展中国家从事同一产品不同的价值链环节。如需要大量耗用劳动力的环节配置在发展中国家，而科技知识要求高的核心环节配置在各个发达国家。劳动、资源密集型产品的生产在发达国家基本消失，而研发、设计、品牌和核心零部件的生产成为其主攻方向，其资本和技术密集型产品出口到发展中国家；发展中国家，承接了产业转移，以加工贸易方式产出劳动、资源密集型产品，再出口到海外，市场主要是针对发达经济体。这一现象，既体现了发达国家先进的产业结构的和跨国公司的占据优势地位的全球产业战略部署，也促进了发展中国家经济的发展和劳动生产率的提升。

（5）加工贸易是主要形式。与一般贸易相比，资本品和半成品的大量进口是加工贸易的独特之处。如生产设备进口的比重，一般贸易约为 55%，而加工贸易约 75%；而中间投入品进口的比重，一般贸易约 28%，加工贸易约 90%。出口方面，加工贸易在产品内贸易所占比重是有绝对优势的，如加工贸易占据中国出口的一半以上，其中，外资企业又是重中之重，所占比重约 4/5，中国企业只占比 1/5。这一现象的成因是，全球生产网络由跨国公司掌握控制，加工贸易距国际市场更近。目前产品内贸易的比重在中国是很大的，除了国内经济发展需要外，加工贸易的发展也成为积极的促进因素。

4. 技术进步与产品内贸易

公认的促进经济增长的一个重要因素是技术进步。假设一国要素总量及结构不变，通过提高生产要素的边际生产率，影响其生产函数，进而影响其比较优势，并从整体上促进该国在产品内分工中提升所处的阶位。现假设两个国家 A、B，两个公司甲、乙，A 国为发展中国家，拥有充沛劳动要素，B 国发达国家，拥有丰富资本要素。生产两个中间产品 Y1 与 Y2，形成最终产品 Y。Y1 与为劳动密集型工序；Y2 为资本密集型工序。中间产品的质量指数我们选用资本劳动投入比率（K/L）。按照比较优势原理，劳动密集型工序产品由发展中国家的企业生产和出口，资本密集型工序产品由发达国家的企业生产和出口。此时，如果 A 国的甲公司，致力于建立有效的技术创新体系、采取促进分工与专业化、强化 R&D 及人力资本投资等措施，有效促进了技术进步。该技术进步出现于劳动密集型工序，则产生两种效应：一是技术进步促使劳动生产率提高了，使其传统比较优势得到更进一步的强化，该类产品的出口迅速扩张；二是技术进步的另一种表现形式，传统优势产品质量的提高与种类的更新，从而形成相对价格意义上的比较优势。假如这种技术进步，出现在甲国资本密集型工序，该工序本不具有比较优势的，那么，技术进步所促成的全要素生产率的升高和原本具有的劳动要素禀赋优势，两者若有足够力量消除其资本要素禀赋方面的比较劣势，那么，A 国的企业将进行低质资本密集型工序产品的生产和出口。如果 A 国实施了某种技术创新并成功地将其产业化，那么，A 国企业就有希望以此为基础发展高新技术产品的生产出口。尽管有 R&D 的投入、人力资本的积累及其他种种因素的限制，从总体角度来看，A 国的企业在技术进步与技术创新方面不太可能形成对 B 国企业的比较优势，但在有些领域、层次和方面却完全有可能取得比较优势。①

（三）全球生产网络理论

20 世纪 60 年代以来，跨国公司发展成为世界经济与贸易增长的主要微观主体，持续推行面向世界市场的复合一体化战略。即跨国公司是领导主体，根据世界各国或地区不同的要素禀赋比较优势、竞争优势状况，将同一产品链或价值链的不同环节配置在不同的国度，最终形成国际一体化生产体系，这一先进的生产体系以全球生产网络为枢纽。国际分工模式、经济组织方式、比较优势的表现形式、产业升级路径等一系列的变化由此产生。同时，正是由于全球范围内生产网络的蓬勃发展，也为较落后的发展中国家融入世界生产与贸易体系，实现自身产业转型与升级提供了契机。

1. 全球生产网络的概念

在某个具体的生产网络中，居于主导性战略地位并起到组织作用的企业称之为领导厂商（Flagship）或品牌制造商，一般是跨国公司。从经济组织的治理模式的角度来看，全球生产网络有别于传统的二元治理模式，意味着它既不是单纯的内部治理模式，也不是市场治理模式。换言之，生产网络中的领导厂商与其他厂商之间不是缺乏灵活性的雇佣关系、也不是通过松散的产权买卖的关系。它们是相互依赖、互补性分工、互惠互利且较有弹性的网络关系。从这个角度，以跨国公司为首的全球生产网络是一次重要的组织创新活动，传承了传统二元治理模式的优势，提高了生产组织的效率，大大增强了领导厂的竞争力。因此，以跨国公司为主导的全球生产网络发展成为经济全球化的新的微观基础。诸多学者对于全球生产网络这一新生事物所给的名称和定义也不同，如全球商

---

① 沈克华：《加工贸易技术溢出的机制与效应研究》，上海社会科学院，2011 年。

品链、全球价值链等。

根据 Sturgeon（2002）的观点，生产网络是指将一群企业联系在一起形成更大的经济单位的企业相互之间的种种关系。它强调企业间相互关系的特征和相互关系的程度，也被称为价值网络或供应基础。相对于价值链（供应链、商品链、生产链等），生产网络的概念包含的内容更为广泛，不仅包含基于一个产品不同生产环节的纵向联系，同时也包含基于一个生产环节不同企业的横向联系。①

另外，根据格里芬（1999）对于商品链空间维度的研究成果，全球生产网络是指一个产品的生产活动涉及两个以上国家的企业相互联系在一起所形成的生产网络。分为三种情形：（1）最少两个国家的企业所形成的生产网络，这两个国家在天然地理位置上较邻近的，也被称为跨境生产网络；（2）多个国家的企业所形成的生产网络，这些国家处在同一贸易区内，也被称为区域生产网络；（3）几个国家的企业所形成的生产网络，这些国家处于两个大洲或两个贸易区以上，也被称为全球生产网络（Global Production Networks，GPNs）。

综上所述，全球生产网络的内涵有以下几个特征：一是其生产活动，涉及同一产品内的多个不同生产环节，以充分利用不同国家和地区具有比较优势的资源；二是全球生产网络在地理分布上，即空间上是分散的，通常超出一国范围、跨越国界，在世界范围内重组优势资源进行生产活动；三是在组织治理方式上非常灵活，富有弹性，以不同企业间的合作关系作为全球组织基础。②

2. 全球生产网络的运行机制和经济学实质

科斯最初的企业边界定义以交易费用为标准，从企业与市场的交换中来界定，并没有将企业与企业之间的交换关系对企业边界的影响纳入

---

① 卜国琴：《全球生产网络与中国产业升级研究》，暨南大学，2007年。
② 卜国琴：《全球生产网络与中国产业升级研究》，暨南大学，2007年。

考虑。现实中，企业与企业之间以互惠互利、互补分工为原则建立起来的各种长期合作关系（网络），使得企业与市场、企业与企业的边界不再明确，而是日益模糊。全球生产网络这一创新的组织形式与企业相比，具有明显的优越性。生产网络化大大增强了网络主体学习和创新的能力，有效扩大了企业利用资源和能力的范围。网络组织单元之间点到点联系由现代信息技术支撑，使得企业的边界不复存在。网络组织的主要结构特征是跨正式边界的高度一体化。企业、正式功能和市场组织相互渗透。如果原来的组织形式是市场与企业两级的0—1分布，那么，当今的交易安排已经发展为0—1之间连续分布的无限组织形式。在此连续分布中，企业是完全内部化的合约安排，市场则被认为是完全外部化的合约安排，其间按照合约的深度不同，则是处在不同程度和层次的部分内部化、部分外部化的网络化合约安排。这些合约安排反映了网络化的程度和深度，现阶段中从低到高主要有购买协议、战略联盟、合作合资等形式。随着社会经济、网络等发展，越来越多的组织形式必然会不断涌现，所以，需要不断充实交易的组织形式。创新组织的出现，意味着现存的组织形式与制度不能有效地配置资源或者阻碍了资源的有效配置。全球生产网络运行机制及治理的经济学本质是什么？科斯、威廉姆森、哈特等经济学家把交易费用最小化看作是最优治理结构（组织形式）的准则，该观点存在一定理论上的缺陷。一方面，交易费用最小化存在一个考察期长短的问题，短期的交易费用最小并不代表长期最小；另一方面，在现实里，针对某一特定交易选择什么样的组织形式，取决于一定的成本是否能实现最大的收益，即成本与收益法才是最基本的标准，而不仅仅是考虑交易成本因素。若遵循交易成本法，交易成本最小的某种组织形式一定存在，但不排除市场与企业两种组织方式扣除交易成本后的净收益均为负的可能性。该情况下，依照成本收益法，企业内部化和外部市场的购置均没有可取性，但现实中，大量交易没受此限制，其原因，就是在两极治理之外，各个企业之间建立形成了一种长期、稳定的网络组织方式，这种混合组织方式把企业与市场特点相结合，使得原来完全两级治理方式下的成本与收益曲线发生了改变，于是交易变得更加理性。比如，交易量太小则企业内部化不可行，同时信息不对称使得交易成本过大，导致外部购置也行不通时，便可构建形成领导厂商与供应商的合作网络，这种长期的合作关系以及信任关系将会使成本收益曲线发生移动，从而这类交易通过了成本收益法则的检验将会可行。网络内的长期合作关系可这样解释，当两家企业存在协议，进行同一产品不同环节的生产，只要互惠关系存在，协议就一直有效，这些协议可用来描绘网络内主体之间的所有交易组织方式。总之，网络是一种组织方式，目的是使得企业与市场原来不能完成的特定交易得以完成，即"一个市场契约取代了一系列市场契约"，当然此时的一个市场已经变为"网络内的市场"，并且"网络内的市场"交易的基础是"长期稳定的网络合作关系"，并非"企业内的要素市场"交易下的等级权力。这种网络组织方式包括了研发、生产、销售等各个环节中多种多样的合作与联营。全球生产网络就是这样一个包含了各种不同深度、宽度合约的复合网络组织方式。它是全世界经济发展中一次里程碑式的组织创新活动，传承了传统二元治理模式的优势，提高了生产组织的效率，大大增强了领导厂商的竞争力。所以，以跨国公司为主导的全球生产网络的出现成为经济全球化的新的微观基础。其充分利用了各国、地区的要素禀赋，竞争优势不断加强，在很大程度上应归功于全球生产网络这一组织创新形式。同时，正是由于全球范围内生产网络的蓬勃发展，也为较落后的发展中国家融入全球生产与贸易体系，实现自身产业转型与升级提供了大好机遇。[①]

（四）内生增长理论

内生增长是指在经济发展过程中，将技术、知识、制度等非经济变

---

① 卜国琴：《全球生产网络与中国产业升级研究》，暨南大学，2007 年。

量提高到与资本、劳动、收入等经济变量同等的地位，克服单一要素导致的回报递减，形成要素回报的递增，最终实现经济持续的增长。内生增长在实践中表现为通过"边干边学"、技术扩散、贸易拉动、宏观调控等方式，形成创新机制，提高经济体整体的创新能力和持续增长能力。

内生增长理论认为，经济的长期增长率是正的，为此内生增长模型需要解释积累的生产要素收益递减不会发生的原因。内生增长理论家将知识、人力资本等因素引入经济增长模型中．强调特殊的知识和专业化的人力资本可以产生递增的收益并使整个经济的规模收益递增。这就突破了传统增长理论关于要素收益递减或不变的假定，说明了经济增长持续的源泉与动力。如罗默（1986）认为，知识的非竞争性决定了一个人对知识的运用并不妨碍其他人对这种知识的运用，而且这种运用的成本相对较低，即知识具有外溢效应。这种外溢效应和知识产生的递增生产力不仅使知识自身形成递增收益，而且使资本、劳动等其他要素也具有递增收益，从而会导致无约束的长期经济增长。卢卡斯（1988）则认为，人力资本的外部效应（社会劳动力的平均人力资本水平）具有核心作用，并且这些效应会从一个人扩散到另一个人。因而会对所有生产要素的生产率都产生贡献，从而使生产呈现规模递增收益，而正是这种源于人力资本外部效应的递增收益使人力资本成为"增长的发动机"。不同于新古典增长理论把技术看成是"外生的"、某种随机的、偶然的东西，内生增长理论认为，知识或技术如同资本和劳动一样是一种生产要素，并且是"内生的"，是由谋求利润极大化的厂商的知识积累推动的。因此，尽管某些特定的技术突破或知识的出现或许是随机的，但技术进步或知识的全面增加与人们为其贡献的资源成正比。如卢卡斯（1988）通过引入人力资本积累因素（主要是人力资本的外部性与人力资本生产中的正反馈）来解释技术进步和经济增长的内生性。在罗默模型（1990）中，知识或技术进步被赋予了一个完全内生化的解释。罗默强调决定经济增长的技术进步是经济系统的内生变量，是经济主体利润极大化的投资决策行为的产物，由专门生产思想的研究部门生产。这种技术以两种方式进入生产：一方面技术会用于中间产品，并进而通过中间产品数量和种类的增长提高最终产品的产出；另一方面技术变化会增加总的知识量，通过外溢效应提高研究部门的人力资本生产率，实现经济的长期增长。总之，内生增长理论认为，一国经济增长主要取决于内生化的知识积累和专业化的人力资本水平。如罗默（1986）、卢卡斯（1988）认为，无意识的知识或人力资本积累是经济长期增长的决定性因素，理解增长的钥匙在于知识的"连续增进"。罗默（1990）、塞格斯特罗姆和阿格因、豪伊特等人则认为，源于有意识的投资、创新和发明的内生技术进步是经济增长的源泉。同时，由于知识和人力资本的外溢效应，投资与资本收益率可以是知识存量和资本存量的递增函数。一国既有的知识存量越大，则其投资与资本收益率越高，经济增长率也就越大。这不仅表明了经济长期增长的可能性，而且表明了既有的知识存量的差异决定了各国投资与资本收益率的差异，进而决定了各国长期经济增长的不同。①

（五）创新理论

创新作为学术概念和理论体系是由美籍奥地利学者约瑟夫·熊彼特于 1911 年在其《经济发展理论——对于利润、资本、信贷、利息和经济周期的考察》一书中最早提出来的，试图用创新理论来解释经济周期和经济增长问题。其后，熊彼特 1928 年在《资本主义的非稳定性》一文中又首次提出创新是一个过程的观点，在 20 世纪 30 年代和 40 年代相继出版的《经济周期》《资本主义、社会主义和民主》两本书中，熊彼特对创新加以全面、具体地运用和发挥，并形成了完善的创新理论体系。按照熊彼特的观点，所谓"创新"就是"建立一种新的生产函数或供应函

---

① 丁建微：《内生增长理论与中国经济增长》，《经济研究导刊》2009 年第 14 期。

数，也就是说，把一种从来没有过的关于生产要素和生产条件的'新组合'引入生产体系"。包括以下五种情况：（1）采用一种新的产品，也就是消费者还不熟悉的产品或某产品的一种新的特性；（2）采用一种新的方法，也就是在有关的制造部门中尚未通过经验检定的方法，这种新的方法决不需要建立在科学上新的发现的基础之上；并且，也可以存在与商业上处理一种产品的新的方式之中；（3）开辟一个新的市场，也就是有关国家的某一制造部门以前不曾进入的市场，不管这个市场以前是否存在过；（4）掠夺或控制原材料后半制成品的一种新的供应来源，也不问这种来源是已经存在的，还是第一次创造出来的；（5）实现任何一种工业的新的组织，比如造成一种垄断地位，或打破一种垄断地位。按照现在的观点，熊彼特所描绘的五种创新大致可归纳为三大类：一是技术创新，包括新产品的开发、老产品的改造、新生产方式的采用、新供给来源地获得以及新原材料的利用；二是市场创新，包括扩大原有市场的份额及开拓新的市场；三是组织创新，包括变革原有组织形式及建立新的经营组织。[1]

根据科学发展观，中国的经济发展转向创新驱动，是要把它作为经济发展的新动力，使经济发展更多依靠科技进步，劳动者素质提高和管理创新驱动。驱动经济发展的创新是多方面的，包括科技创新、制度创新和商业模式的创新，其中科技创新是关系发展全局的核心。这需要转变技术进步的模式，由外生转为内生，立足于自主创新，依靠原始创新和引进技术的再创新，形成具有自主知识产权的关键技术和核心技术。[2]这些理论和原理，对于指导中国加工贸易的技术升级和转型发展具有极其重要的现实意义。

---

[1]　关伟：《企业技术创新研究》，东北财经大学，2006 年。
[2]　洪银兴：《论创新驱动经济发展战略》，《经济学家》2013 年第 1 期。

二、加工贸易转型发展的理论基础

本节依次探讨国际生产组织形式的选择：水平 FDI、垂直 FDI 和加工贸易。

(一) 单个厂商的最优化生产决策问题

一个企业面对市场需求函数 $p = p(q)$，成本函数 $C(q) = cq$，c 为不变的常数。则该厂商的利润最大化问题是：

$$\underset{q}{\text{Max}} \pi = p(q)\ q - cq \qquad (2.1)$$

由 (2.1) 式，得均衡价格：$p = \dfrac{\varepsilon}{\varepsilon - 1} c$，其中 ε 为需求价格弹性。

均衡利润：

$$\pi = \frac{\varepsilon}{\varepsilon - 1} cq - cq = \left(\frac{\varepsilon}{\varepsilon - 1} - 1 \right) cq = \frac{c}{\varepsilon - 1} q = \frac{p}{\varepsilon} q \qquad (2.2)$$

企业的市场份额被定义为：

$$s = \frac{pq}{E}，E \text{ 为市场规模。}$$

因此 (2.2) 式可以写成

$$\pi = \frac{c}{\varepsilon - 1} q = \frac{pq}{\varepsilon} = \frac{sE}{\varepsilon} \qquad (2.3)$$

由 (2.3) 式可以看出单个企业的利润与市场份额、市场规模成正比，与产品的需求价格弹性成反比。

（二）出口与水平 FDI（HFDI）① 选择

一体化②企业可以有两种方式服务世界市场③：出口和水平 FDI。

如果企业选择通过在要服务的国家建立分公司（水平 FDI）的方式满足市场供应，则要为建立新的分公司而支付固定的费用 F，其获得利润就是从国外市场上获得的利润 π 扣除 F。如果企业选择以出口的方式来满足国外市场，存在贸易成本 τ，会使企业的生产的边际成本增加到 τc，这会降低企业的国外市场份额 φs，其中 $0 < \varphi < 1$，从而企业在国外市场的利润会降低到 $\varphi\pi$。④

不同生产方式下企业利润比较：

向国外市场出口获得的利润：$\pi_X = \varphi\pi$

在国外建立水平 FDI 直接提供产品获得的利润：$\pi_M = \pi - F$

$\pi_X = \pi_M$，则无差异的贸易成本 φ 满足：

$$\hat{\varphi} = 1 - \frac{\varepsilon F}{sE} \tag{2.4}$$

如果 $\varphi < \hat{\varphi} = 1 - \dfrac{\varepsilon F}{sE}$，企业就选择 FDI，反之，企业就用出口来满足国外市场。

所以，临界 $\hat{\varphi}$ 与国外建厂成本 F 和需求价格弹性 ε 呈反向关系，就是说如果国外建厂的成本越大、产品的需求价格弹性越大，企业 FDI 行为对贸易成本的耐受力就会越小。临界的 φ 变小，现实中的贸易成本不需要很大就可以导致 FDI 的出现。临界 φ 与企业在国外市场份额 s 和市

---

① 水平 FDI（HFDI）：指为接近当地市场而将最终产品生产线在东道国复制，产品在东道国销售。

② 一体化企业在此是指生产的所有环节在一个地点、同一产权下完成，FDI 是不同地点（国家）、同一产权（控制权）的生产组织形式。

③ 本书假定两个国家——发达国家和发展中国家，一个市场是世界市场。

④ $\pi^* = \dfrac{sE}{\varepsilon} = \dfrac{s^* E}{\varepsilon} = \dfrac{\varphi sE}{\varepsilon} = \varphi\pi$。

场规模 E 正向关系。国外市场规模 E 和市场份额比较大的时候，只有贸易成本很大的时候企业才会选择 FDI。

（三）垂直 FDI——国外组装或是国内组装

为了考察企业垂直 FDI[①] 行为的选择，产品的生产假定为两个阶段。上游阶段生产配件，下游阶段利用劳动组装上游生产的配件成最终产品。配件生产阶段的单位成本为 c，组装环节用单位成本 a 组装 1 单位中间品成为 1 单位最终产品。如果在国外组装，组装成本 $a^* = \alpha a$，$0 < \alpha < 1$，但是存在贸易成本 τ，会降低最终产品的市场价格 γp，$0 < \gamma < 1$，贸易成本 τ 通过 γ 体现，二者同向关系。

企业是选择在国内组装还是在国外组装取决于取得的利润大小。为了分析的简便，我们假定企业的生产技术是规模报酬不变的。而且最终产品市场是完全竞争的，则企业作为价格接受者，在规模报酬不变的假定下，企业的利润决策等同于比较边际收益。这样企业只需向市场提供一个最终产品。那么：

如果在国内组装，获得的利润为：$\pi_N = p - c - a$

如果在国外组装，获得的利润为：$\pi_{MN} = \gamma p - c - \alpha a$

令，$\pi_N = \pi_{MN}$，可得无差异的 $\hat{\alpha}$：

$$\hat{\alpha} = 1 - (1 - \gamma)\frac{p}{a} \qquad (2.5)$$

α 表示国内外组装成本的差距，国内外组装无差异的 $\hat{\alpha}$ 与贸易成本 γ 呈正向关系，在其他条件不变的情况下，贸易成本越高，导致国外进行组装的成本差就要越大。

所以，贸易成本越大，在其他条件不变的情况下，需要较大的组装成本优势才会导致企业选择在国外组装。

---

① 垂直 FDI：指依据各地生产要素价格将生产环节分布于不同国家，对特定东道国来说产品用于出口。

（四）国外组装方式的选择——FDI 与加工贸易

由于存在国内外组装成本差距，企业要利用较低的组装成本优势，就要选择在国外组装，但是组装方式上还有两种形式：垂直 FDI 和加工贸易。

如果选择以垂直 FDI 的方式组装，则组装成本变为 a^*，但是要承担国外建厂的固定成本 F。

如果选择外包给国外企业组装，通过契约可以把组装成本降低到 αa^*，$0 < \alpha < 1$，但是存在合约成本 η，会降低产品的价格 ηp，$0 < \eta < 1$。其他假定同上。那么：

选择以垂直 FDI 组装的利润为：$\pi_{MN} = p - c - a^* - F$

选择以外包方式组装的利润为：$\pi_S = \eta p - c - \alpha a^*$

令，$\pi_S = \pi_{MN}$，则无差异的合约成本 $\hat{\eta}$：

$$\hat{\eta} = 1 - \frac{(1 - \alpha)\ a^* + F}{p} \tag{2.6}$$

无差异的合约成本 $\hat{\eta}$ 与 a^* 是正向关系，与 F 是反向关系。在其他条件不变的情况下，国内外组装成本差距越大，企业越会选择 FDI 来进行组装；同样如果 F 越大企业也就越会选择外包来进行国外组装。注意此处的合约成本的 η 大小对企业的生产行为选择有着重要的影响。而哪些因素会改变 η 大小呢？市场发育程度、法律制度的完备性和司法公平性、社会诚信等都会影响 η 的大小。

所以，在其他条件不变的情况下，国内外组装成本差距越大，合约成本越高，企业越会选择 FDI 来进行国外组装如果；如果 F 越大，企业也就越会选择外包来进行国外组装。

模型中的贸易成本暗含与贸易直接相关的因素导致的影响企业生产决策和利润的因素，比如贸易壁垒、运输冰山成本等；合约成本同样包含很多方面，比如交易成本、契约的不完全性导致的成本等。

三、技术升级与加工贸易的转型发展

（一）技术升级是转型发展的前提和和基础

1. 技术升级驱动加工贸易转型发展

纵观人类的文明史，技术革命引发了经济的几次阶段性飞跃。如古代的青铜制造和炼铁技术的发明，18世纪蒸汽机的发明，20世纪生物、电子、新材料等高科技产业的发展，每一次都促进了人类文明向前跨出了一大步。技术的每一次升级都促进经济的显著增长和产业结构的重大转换，而且随着技术创新的持续进行，经济增长产业结构演变不断加速。技术升级对经济增长和产业变化的促进作用是递增的，影响力越来越大。因此，技术升级成为驱动加工贸易转型发展的重要影响因素。

从产业经济层面的具体作用机理看，技术升级使得产业的需求曲线向外和向上移动，利润空间增大，改变了一般情况下市场经济收益率递减的常态，形成一个经济均衡向另一个经济均衡动态变化的过程，而此过程将会连续由一轮又一轮的技术升级来推动，利润持续增长，从而实现产业研发投入增长，产业结构不断升级。技术升级的背景下，由于生产效率得到提高，生产方式也会发生变化，旧产业被淘汰，新兴产业形成，并不断发展壮大。且技术升级能够以产业链传递的方式，迅速在产业经济中扩散开来，从而拉动产业结构升级，而产业结构升级又将为经济高速增长提供条件，是经济内涵式增长的有力保障。

作为全球制造业转移的承接者，中国加工贸易得益于全球产业梯度转移导致的经济增长。从外部来看，全球产业梯度转移的根本推动因素就是技术升级，而从一个经济体的内涵式增长来看，促进加工贸易转型发展的动力也是技术升级。多年来，中国加工贸易的主要优势是劳动力、土地等自然资源成本低廉，一直以来，产品附加值较低，只有通过技术升级，学习和研发先进技术，生产出高附加值的产品，凭借成本、技术双重优势，才能在其他低成本竞争国的挑战下得以发展。如果现阶段加工贸易不进行技术升级，中国的产业无法提升优化，加工贸易也不可能长期持续发展。

2. 增强技术创新能力是实现技术升级的关键

知识经济时代到来，社会经济发展的方方面面发生了巨大的变化，科技在经济增长中的贡献超过了其他的经济要素，而且其稳定性大大提高，全球任何国家的经济比以往任何时候都依赖于科技的生产、扩散和应用。由于技术进步在经济增长中的重要地位，使得世界各国之间的经济竞争也演化为科学技术的竞争，各国相继建立和加强本国的技术创新体系，以增强在经济全球化背景下的国家综合竞争力。企业核心能力的最显著表现和重要来源是技术创新能力。技术创新是企业能力最直接的体现，它凝聚了人类最复杂的劳动，体现了更多的知识含量，因而价值更大。一个企业一旦技术创新有了重要突破，形成企业的核心技术专长，就会出现加速效应，从而获得超常发展。企业的技术创新最根本的目标是要提高企业的盈利水平，但又绝不仅仅是提高销售额或者产品性能的改进，也不仅仅是新产品或服务的问题，更重要的是要使竞争地位发生改观，希望在一种新的、更有利的某一点重新建立竞争优势。要做到这一点，企业决不能仅仅为顾客创造某种价值，还必须有建立长期竞争优势的技术创新战略。[①] 因此实现技术升级，增强技术创新能力是关键。

中国已有的科技创新很大程度上是外生的，主要表现是：创新的先进技术大都是引进和模仿的，创新的先进产业大都是加工代工型的。这种技术创新基本上属于国外创新技术对中国的扩散，创新的源头在国外，是国外已经成熟的技术，核心技术关键技术不在中国。因此这种技术创新的意义在于跟上国际技术进步的步伐，但不能进入国际前沿。只有科

---

① 关伟：《企业技术创新研究》，东北财经大学，2006 年。

技创新由外生转为内生，即立足于自主创新，依靠原始创新和引进技术的再创新，形成具有自主知识产权的关键技术和核心技术，才能真正实现技术升级。这需对传统的经济增长模式进行创新。传统的经济增长模式说明，经济增长是劳动、资本和土地等物质要素投入的函数，技术进步的作用是这些要素之外的"余值"，其作用是外生的。而新经济和相应的新增长理论认为，由知识资本和人力资本推动的科技创新越来越多地内在于物质资本之中，由此推动的技术进步就具有内生性。可以这样理解：以创新的知识和技术改造物质资本、提高劳动者素质和进行管理创新，就可能产生比物质投入对经济增长更为强大的推动力。用创新是要素的新组合的原理来说明内生性增长，就是以知识、技术、企业组织制度和商业模式等无形要素对现有的资本、劳动力、物质资源等有形要素进行新组合，各种物质要素经过新知识和技术的投入提高了创新能力，就形成内生性增长。这种由创新驱动的内生增长就是党的十八大所指出的"更多依靠科技进步、劳动者素质提高、管理创新驱动"。国家竞争力越来越多地表现为产业竞争力。与此相应，技术创新作为内生增长的驱动力就要以产业创新为导向提升国家竞争力，即要有创新的新兴产业来带动经济的长期可持续发展。

长期以来中国按照比较优势来安排产业结构，先进产业不在中国，因此产业结构的国际竞争力弱。为形成内生的产业竞争力，就得发展能与发达国家较量的高新技术产业。现在国际金融危机正在催生新的科技革命和产业革命。中国需要依靠科技和产业创新，占领世界经济科技的制高点，实现技术升级。基于上述分析，可以看出，技术创新的内生性关键在于明确源头，这个源头首先是对科学新发现所产生的原创性创新成果，主要来自大学和科学院所。其次是引进的先进技术、引进的国外技术要具有内生性，就需要在消化吸收的基础上进行再创新。其成果是形成拥有自主知识产权的核心和关键技术。技术创新是全社会的财富。因此对自主创新的要求不只是新发明在某个企业那里转化为新技术，更为重要的是自主创新成果及时地在全社会推广和扩散。知识和技术等创新要素不同于物质要素，其使用具有规模报酬递增的特点，因而创新不排斥新知识新技术的广泛采用。只有当全社会都能采用自主创新成果时才能谈得上驱动经济发展。根据熊彼特关于创新即创造性的毁灭过程，强化市场竞争机制，可以迫使各个企业竞相采用先进新技术，从而推动技术创新成果（新技术）的扩散。①

总之，要实现技术升级，增强技术创新能力是关键。得依靠知识资本、人力资本和激励创新制度等无形要素实现要素的新组合，由外生转为内生，立足于自主创新，依靠原始创新和引进技术的再创新，形成具有自主知识产权的关键技术和核心技术，并且要实现科学技术成果在生产和商业上的广泛应用和扩散。

（二）企业是加工贸易技术升级和转型发展的主体

1. 增强企业在加工贸易技术升级和转型发展中主体能力

根据新古典学派的经济理论，技术升级是生产要素和生产条件的新组合，虽然许多社会组织都以不同形式参与了此活动，扮演了不同的角色，甚至是重要的角色，但只有企业才是技术升级的主体，因为企业的作用主要是对要素进行组合，而其他角色则主要是提供不同的要素。第一，技术升级是一项与市场密切相关的活动，是一项商业活动。以往人们总是以为，科学发现和技术发明会没有成本地转化为商品，现在人们认识到，要转化为商品还需要大量的工程化的知识和市场的知识等才能实现。而在众多的社会组织中，企业与工程化过程和市场活动的联系最为紧密，这是由企业本身的性质所决定的。在企业成长中，技术水平是反映企业生产能力和经济实力的一个重要标志，企业要在激烈的市场竞争中处于主动地位，就必须顺应甚至引导社会的技术进步，不断地进行

---

① 洪银兴：《论创新驱动经济发展战略》，《经济学家》2013 年第 1 期。

技术创新。第二，虽然大学和科研机构被认为是知识创新的主体，但大学和科研机构作为知识的生产者，光凭自身的能力还无法实现知识的有效流动与广泛传播。企业作为知识尤其是作为科技成果转化的主要场所，在实现技术产业化的过程中也实现了创新知识的扩散。这是因为，科技成果只有从大学和科研机构进入企业才能从潜在的生产力转化为现实的生产力，这种科学研究和知识创新才具有现实的意义。企业的这种优势，不仅决定了它是科学技术研究成果市场化的主要场所而可以在技术进步中发挥重大的作用，而且也使企业的技术升级主体地位得到进一步的确认和加强。当然，所谓主体并不是要自己完成技术升级的全过程，而是要在其中发挥主动、主导或能动的作用，因此，企业要在提升自身创新能力的同时，加强同大学、科研机构以及其他企业的合作，以获取技术或知识方面的支持。第三，要素创新中的材料创新、设备创新、人事创新，以及要素组合方法创新中的工艺创新、生产组织创新等，都是现代企业在运营中完成的。这是其他社会组织或机构无法承担和替代的。第四，在市场经济中，企业不仅是市场经济活动的主体，而且还是技术升级的投资主体、研发投入主体和执行技术升级的主体，同时，企业还是承担技术升级风险和技术升级利益分配的主体。第五，从技术与企业发展的过程分析，有学者提出在不同发展时期，技术创新的主体是有变化的。如家庭在相当长的历史时期内扮演着技术升级主体的角色。但而第一次产业革命后，工匠、发明家则成为技术升级的主体，之后合作的私营科技开发机构成为技术创新主体，但到了 20 世纪初特别是 40 年代以后，现代企业成为技术升级主体，这种主体地位至今没有改变。①

　　因此，加工贸易技术升级和转型发展中，企业的主体地位毋庸置疑。面对日益不利的国际贸易形势，加工贸易企业应采取切实可行的措施，增强企业自身在加工贸易技术升级中的主体能力，才能真整实现加工贸

---

① 关伟：《企业技术创新研究》，东北财经大学，2006 年。

易的转型发展。

2. 充分发挥政府在加工贸易技术升级和转型中的职能作用

政府业是加工贸易技术升级和转型发展的重要推动力量。在中国加工贸易技术升级和转型中，应当充分发挥政府的职能作用。

中国处于经济转型期，政府的职能作用之一是对经济的有效干预，加工贸易的技术升级和转型发展也不例外。不少学者，如林毅夫等认为，政府是否采取适合本国国情的产业发展战略是后进国家跨越发展成败的关键。他们认为采用比较优势发展战略可以更好地利用后进工业化国家资源禀赋，从而形成技术和产业结构的大幅度优化升级。相反，不顾本国的资源禀赋和产业优势，盲目推行赶超战略会造成本国价格体系的扭曲，进而内生出低效率的资源配置制度和缺乏激励的经营机制，这又会最终阻止技术和产业的有效升级。因此，经济转型期的政府职能除了市场经济发达国家的政府职能之外，还应该有其特殊作用。就是说，如果经济发展水平较低，同时面临经济加速增长，加速机构转换和制度改革的任务，与发达国家比，经济转型期国家中的政府职能就要"多一块"。因此，如果让市场自发演进，势必支付更长的时间代价，而加进政府作用后，可以缩短演进的时间和减少演进的代价。这也就决定了经济转型期国家政府行为的特殊性。因此，政府除了一般政府的职能外，还具有一些特殊职能：如促进市场发育、建立公平竞争的统一市场体系、注重公共投资、促进基础设施建设、实施产业政策、促进产业结构高度化、充分发挥比较优势、逐步消除收入和知识的贫富差距等。这一过程有其特点，第一，制度安排和制度结构持续演进，并表现出多层次性和相互关联性，并且新制度的安排和制度结构的变迁既需要诱致性力量，又需要强制性推动。第二，市场发育滞后，价格体制长期扭曲，因而经济活动不能完全指望市场提供完全的激励和资源配置。第三，存在组织结果和制度规则的真空地带。在技术升级过程中，最突出的表现为市场中介组织的软弱和乏力。第四，技术升级的经济行为主体的相对地位和相互关系发生变化。即各经济活动主体开始寻找各自独立的经济活动地位，相互之间的关系由行政协调性向市场竞争和合作方向发展。[1]

此外，在加工贸易技术升级和转型中，政府应考虑提供技术创新投入。在一般的情况下，市场对资源配置起基础性调节作用，但对技术创新需要介入政府投资。原因是创新成果具有外溢性和公共性的特征。政府必须提供自主创新的引导性和公益性投资。同时为创新成果的采用提供必要的鼓励和强制措施，包括政府优先采购自主创新的产品和服务等。当然政府的创新投入不能替代企业的投资主体地位，更不能挤出企业的创新投入。政府介入技术创新最为重要的是对企业的技术创新与大学的知识创新两大创新系统的集成。集成创新即创新系统中各个环节之间围绕某个创新目标的集合、协调和衔接，从而形成协同创新。政府对包括产学研在内的创新系统进行整体协调和集成的主要方式是建立大学科技园，搭建产学研合作创新平台。正是在这一意义上，中国的产学研协同创新前需要加一个"政"字，即政产学研合作创新。[2]

总之，在加工贸易技术升级和转型发展过程中，已经建立的市场经济体制需要继续完善和发展，政府的推动和集成作用需要进一步加强。

四、加工贸易转型发展的路径选择

假定生产过程分为两个环节，上游生产中间产品，一单位中间产品需要一单位劳动投入，中间品可以在 N 国，也可以在 S 国生产。N 国工资水平为 v，S 国工资水平为 w，且 $v > w$；下游环节是组装，一单位最终产品需要一单位中间产品，如果组装在 N 国进行，要支付边际成本为 b；如果在 S 国组装，要支付边际成本 m，有 $b > m$。把整个世界看作一个市

---

[1] 曾方：《技术创新中的政府行为——理论框架和实证分析研究》，复旦大学，2003 年。
[2] 洪银兴：《论创新驱动经济发展战略》，《经济学家》2013 年第 1 期。

场，市场需求函数为：$P = a - Q$，其中，$a > 0$，表示市场规模，Q 是提供市场的企业产量总和。

对于 S 国企业来说，加工贸易的技术升级分为两种情况：一是为 N 国企业"代工"的同时，进行技术升级——生产低质量最终产品；二是 N 国企业把"代工"转移到成本更低的第三国，S 国企业在最终产品市场上与 N 国企业展开异质产品竞争。本书把这两种功能升级分别称为技术升级（Ⅰ）和技术升级（Ⅱ）。

（一）技术升级（Ⅰ）

N 国企业把中间环节和最终环节都外包给 S 国企业，利用其拥有的特殊资源向世界市场提供高质量的产品；S 国企业在为 N 国企业"代工"生产高质量最终产品的同时，自己也生产低质量的最终产品提供市场。S 国企业的利润有两部分，一是"代工"利润，假定是按照固定的代工费 δ 支付；二是低质量最终产品获取的利润。按照纵向异质产品古诺博弈构建模型。

世界市场消费者的效用函数：

$$U = \begin{cases} \theta s_i - p_i, & \text{如果购买第 } i \text{ 种产品，} i = N, S; \\ 0, & \text{如果不购买} \end{cases}$$

式中，p_i 为产品的价格，s_i 为产品质量，低质量 $s = 1$，高质量 $s > 1$，$s - 1$ 表示质量差距；$\theta \in [0, 1]$ 为消费者的偏好参数，并服从均匀分布。

市场上的边际消费者由下式决定：

$$\theta - p_S = \theta s - p_N \Rightarrow \tilde{\theta} = \frac{p_N - p_S}{s - 1} \tag{2.7}$$

两国企业的市场需求函数分别为：

$$p_S = 1 - q_S - q_N$$
$$p_N = s - q_S - sq_N$$

N 国企业的利润：

$$\text{Max}\pi_N^1 = (s - q_S - sq_N - \tau m - \tau w) q_N \tag{2.8}$$

S 国企业的利润：

$$\text{Max}\pi_S^1 = (1 - q_S - q_N - m - w) q_S + (\delta - m - w) q_N \tag{2.9}$$

均衡产量：$q_S^1 = \dfrac{s + (\tau - 2s)(m + w)}{4s - 1}$

$$q_N^1 = \dfrac{(2s - 1) - (2\tau - 1)(m + w)}{4s - 1}$$

均衡价格：$P_S^1 = \dfrac{s + (\tau + 2s - 1)(m + w)}{4s - 1}$

$$P_N^1 = \dfrac{2s^2 - s - (\tau - 2\tau s - s)(m + w)}{4s - 1}$$

均衡利润：

$$\pi_S^1 = \dfrac{[s + \tau(m + w) - 2s(m + w)]^2}{(4s - 1)^2} +$$

$$\dfrac{[(2s - 1) - (2\tau - 1)(m + w)][\delta - (m + w)]}{(4s - 1)}$$

$$\pi_N^1 = \dfrac{s[(2s - 1) + (1 - 2\tau)(m + w)]^2}{(4s - 1)^2}$$

消费者剩余：

$$CS^1 = \int_{PS}^{\frac{pN-pS}{s-1}} (\theta - p_S)\,\mathrm{d}\theta + \int_{\frac{pN-pS}{s-1}}^{1} (\theta s - p_N)\,\mathrm{d}\theta$$

社会福利：$WS^1 = CS^1 + \pi_N^1 + \pi_S^1$

令 $s = 2$，$\tau = 2$，$c = m + w$

均衡产量：

$$q_S^1 = \dfrac{2(1 - c)}{7}$$

$$q_N^1 = \dfrac{3(1 - c)}{7} > q_S^1$$

均衡价格：

$$P_S^1 = \frac{2+5c}{7}$$

$$P_N^1 = \frac{6+8c}{7} > P_S^1$$

N 国高质量企业，在最终产品市场上，实现高质量高定价。

均衡利润：

$$\pi_S^1 = \frac{4(1-c)^2}{49} + \frac{9(1-c)(\delta-c)}{49}$$

由于 S 国企业的利润包含两部分。式中的第二部分的代表代工利润，其大小在 c 给定的情况下受到 δ 大小的影响。为了分析的简便，此处假定 $\delta = c$，这意味着 N 国发包企业获取了 S 国代工企业的所有生产者剩余，上式就变成：

$$\pi_S^{1*} = \frac{4(1-c)^2}{49}$$

$$\pi_N^1 = \frac{18(1-c)^2}{49} > \pi_S^{1*}$$

（二）技术升级（Ⅱ）

N 国企业把"代工"转移到第三国，第三国的工资率为 w'，$w' < w$；组装成本 m'，$m' < m$；S 国企业与 N 国企业在世界市场上进行纵向异质产品产量博弈。

N 国企业的利润：

$$\mathrm{Max}\pi_N^2 = (s - q_S - sq_N - \tau m' - \tau w')q_N$$

S 国企业的利润：

$$\mathrm{Max}\pi_S^2 = (1 - q_S - q_N - m - w)q_S$$

令 $c' = m' + w'$

均衡产量：

$$q_S^2 = \frac{s + \tau c' - 2sc}{4s - 1} < q_S^2$$

$$q_N^2 = \frac{2s - 1 - 2\tau c' + c}{4s - 1} > q_N^2$$

均衡价格：

$$P_S^2 = \frac{s + \tau c' + (2s - 1) \ c}{4s - 1} < P_S^2$$

$$P_N^2 = \frac{2s^2 - s + (2s - 1) \ \tau c' + sc}{4s - 1} < P_N^2$$

均衡利润：

$$\pi_S^2 = \frac{(s + \tau c' - 2sc)^2}{(4s - 1)^2} < \pi_S^{2*}$$

$$\pi_N^2 = \frac{s \ (2s - 1 - 2\tau c' + c)^2}{(4s - 1)^2} > \pi_N^2$$

消费者剩余：

$$CS^2 = \int_{p_S}^{\frac{p_N - p_S}{s - 1}} (\theta - p_S) \mathrm{d}\theta + \int_{\frac{p_N - p_S}{s - 1}}^{1} (\theta s - p_N) \mathrm{d}\theta$$

社会福利：$WS^2 = CS^2 + \pi_N^2 + \pi_S^2$

所以，可得出以下三个结论：

第一，N 国企业获取更高的利润，由于 S 国企业的利润不为零，消费者剩余是增加的，所以整个社会的福利水平是增加的。

第二，N 国企业面对 S 国企业的技术升级，最优的选择是把"代工"转移到成本更低的国家。

第三，S 国企业就陷入技术升级的"两难困境"，不进行技术升级，就只能处在低附加值的环节，获得较低的价值份额；如果进行技术升级，就会导致"代工"转移的出现，S 国企业与 N 国企业在最终产品市场上进行纵向差异化产品竞争，获得更低的利润。

（三）技术创新之路

由两国企业均衡利润与成本 c 和质量差距 s 之间的关系可得：

1. $\dfrac{\partial \pi_S^2}{\partial c} < 0$，$\dfrac{\partial \pi_N^2}{\partial c} > 0$

S 国企业的利润是成本 c 的减函数，N 国企业利润是成本 c 的增函数，所以对于 S 国企业来说可以进行成本节约型技术创新，通过降低成本 c 的方式缩小两个国家企业的利润差距。当然降低成本 c，除了成本节约型技术创新之外，还有规模经济效应，资源价格降低等方式。这种方式不能阻止 N 国企业进行代工转移，除非能把成本 c 降低很多。

2. $\dfrac{\partial \pi_S^2}{\partial s} < 0$，$\dfrac{\partial \pi_S^2}{\partial s} > 0$

s 是产品质量差距，s 值越大代表两种质量产品的差距越大。S 国企业可以通过提高产品质量的技术创新缩小与 N 国企业最终产品的质量差距，提高其盈利能力。

第三章 中国加工贸易技术升级的实证分析

本章首先通过国民收入恒等式法和计量模型法实证分析加工贸易的对中国经济发展的巨大贡献。然后基于米凯利的研究，采用豪斯曼、黄和罗德瑞克等人的测量产品技术含量的方法，设计了 TSP 和 HTSP 指标，利用世界投入产出表1995—2014 年（WIOD）的数据，计算包括中国在内的 40 个国家出口产品的技术复杂度指数，通过与发达国家、新兴发展中国家和亚洲较先进的国家的比较，得出中国出口产品的技术含量在 1995—2014 年一直在提升，且与绝大多数比中国发达的国家和地区的差距在发展中逐步缩小的结论。在 TSP 和 HTSP 指标的基础上，采用姚洋和张晔的研究方法，接着设计了 Z、Z^h 和 HTC 指标，基于投入产出表，测度中国出口产成品的本国技术含量，发现中国出口成产品的本国技术含量在 1997—2012 年间，先降后升，即 1997—2002 年间下降幅度较大，2002—2012 年，又提升了，呈现出 V 字形变化。最后，分产业进行了出口品技术含量的分析，技术提升表现最好的是造纸印刷、化学原料及制品制造，最差的是纺织业、皮革及制作，得出中国加工贸易现阶段仍处于劳动、资金密集型阶段，产品技术含量有待提高。

一、中国加工贸易的经济贡献

本节通过国民收入恒等式法和计量模型法实证分析加工贸易的巨大经济贡献。

（一）国民收入恒等式法

通过对开放经济条件下的国民收入恒等式可以测算加工贸易对经济增长的拉动作用。

基本形式为：$Y = C + I + G + （X - M）$ （3.1）

增量恒等式：$\Delta Y = \Delta C + \Delta I + \Delta G + （\Delta X - \Delta M）$

$$= \Delta C + \Delta I + \Delta G + \Delta NE \quad （3.2）$$

其中，Y 表示国民收入，C 表示消费，I 表示投资，G 表示政府开支，X 表示出口，M 表示进口，NE 代表净进口。

由于净出口由加工贸易所形成的净出口、一般贸易和其他贸易方式形成的净出口构成，式（3.2）又可以表示为：

$$\Delta Y = \Delta C + \Delta I + \Delta G + \Delta NE_1 + \Delta NE_2 \quad （3.3）$$

其中，ΔNE_1 表示加工贸易净出口，ΔNE_2 表示一般贸易和其他贸易方式形成的净出口。

式（3.3）两边都除以 Y，变形可得：

$$\frac{\Delta Y}{Y} = \frac{\Delta C}{C} \cdot \frac{C}{Y} + \frac{\Delta I}{I} \cdot \frac{I}{Y} + \frac{\Delta G}{G} \cdot \frac{G}{Y} + \frac{\Delta NE_1}{NE_1} \cdot \frac{NE_1}{Y} + \frac{\Delta NE_2}{NE_2} \cdot \frac{NE_2}{Y}$$

（3.4）

根据上式，加工贸易净出口对 GDP 增长的贡献度为 $\frac{\Delta NE_1}{NE_1} \cdot \frac{NE_1}{Y}$，即加工贸易净出口增长率乘以上一期加工贸易净出口在 GDP 中所占比重。而加工贸易净出口对 GDP 增长的贡献率为 $\frac{\Delta NE_1}{\Delta Y}$，即加工贸易净出口增量在 GDP 增量中所占的比重。由此可见，加工贸易净出口增长，它对国内生产总值增长拉动作用为正，反之，加工贸易净出口减少，它对国内生产总值增长的拉动作用为负。

要根据式（3.4），可以计算加工贸易对中国经济增长的贡献。结果如表 3-1 所示。表中 GDP 增量数据和净出口数据是通过如下过程整理而得：首先，根据 GDP 增长率计算出以上一年价格表示的 GDP，从而计算出以上一年价格表示的 GDP 增量；其次，将加工贸易净出口增量乘以各年人民币兑美元的平均汇率，得出以人民币计价的加工贸易净出口值；再次，因为无法得到加工贸易净出口的价格指数，我们用现价 GDP 除以 GDP 增长率以及上一年现价 GDP 得到的 GDP 平减指数来代替加工贸易净出口的价格指数，将加工贸易净出口值除以 GDP 平减指数，近似得到以上一年价格表示的加工贸易净出口。以上数据均来自中国国家统计局网站。

表 3-1 加工贸易对中国经济增长贡献

年份	经济增长率（%）	国内生产总值（亿元）	加工贸易净出口（亿美元）	人民币年平均汇率（人民币/美元）	贡献度（%）	贡献率（%）
1986	8.85	10275.2	-9.6	3.4528	-0.08	-0.95
1987	11.58	12058.6	-10.8	3.7221	-0.05	-0.42
1988	11.28	15042.8	-12	3.7221	0.08	0.72
1989	4.06	16992.3	-10.5	3.7651	0.86	21.24
1990	3.84	18667.8	26.2	4.7832	1.19	31.03
1991	9.18	21781.5	66.6	5.3233	0.27	2.92
1992	14.24	26923.5	74	5.5146	0.08	0.58
1993	13.96	35333.9	80.8	5.762	-0.19%	-1.36
1994	13.08	48197.9	78.8	8.6187	0.62	4.72
1995	10.92	60793.7	94.1	8.351	0.65	5.98
1996	10.01	71176.6	153.3	8.3142	0.73	7.28
1997	9.30	78973	220.6	8.2898	0.80	8.56
1998	7.83	84402.3	294	8.2791	0.71	9.02

续表

年份	经济增长率（％）	国内生产总值（亿元）	加工贸易净出口（亿美元）	人民币年平均汇率（人民币/美元）	贡献度（％）	贡献率（％）
1999	7.62	89677.1	358.6	8.2783	0.19	2.48
2000	8.43	99214.6	373	8.2784	0.64	7.55
2001	8.30	109655.2	450.9	8.277	0.61	7.32
2002	9.08	120332.7	534.6	8.277	0.30	3.26
2003	10.03	135822.8	577.3	8.277	1.32	13.19
2004	10.09	159878.3	789.5	8.2768	1.25	12.35
2005	11.31	184937.4	1062.8	8.1917	1.52	13.46
2006	12.68	216314.4	1424.6	7.9718	1.53	12.10
2007	14.16	265810.3	1888.8	7.604	1.17	8.29
2008	9.63	314045.4	2490.8	6.9451	0.07%	0.72
2009	9.20	340902.8	2967.4	6.831	−0.77	−8.44
2010	10.40	401512.8	3564.2	6.7695	0.09	1.86
2011	9.30	472881.6	4032.1	6.4588	0.17	1.69
2012	7.80	519322.1	4467.8	6.3125	0.11	1.25
2013	7.70	588018.8	3638.3	6.1932	0.08	1.67
2014	7.40	636462.7	3599.8	6.1428	0.43	4.16

资料来源：根据中国国家统计局网站公布数据计算而得。

表3-1结果表明，除个别年份外，加工贸易净出口对中国经济增长均有正的贡献，1986—2014年，加工贸易对经济增长的年均贡献度为0.50％，即加工贸易净出口增加使中国经济增长平均每年增加0.50％；加工贸易对经济增长的年均贡献率为5.94％，即平均每年的经济增长中有5.94％来自于加工贸易净出口的增加。

（二）计量模型法

国民收入恒等式法只测算衡量了加工贸易对经济增长的直接贡献。实际上，加工贸易还通过间接途径对中国经济增长产生积极影响。例如，加工贸易扩大了中国就业，从而也扩大了消费；加工贸易可能对中国一般贸易的出口具有拉动作用，而一般贸易出口也是推动中国经济增长的重要原因之一；加工贸易出口还能使科技知识在各国之间实现共享而形成技术溢出，促进中国技术进步。

有鉴于此，我们通过计量模型加以检验。计量模型分两部分检验加工贸易出口中国经济增长的影响，第一步，建立回归模型检验加工贸易出口促进中国经济增长的直接拉动作用；第二步，再建立模型检验加工贸易出口对一般贸易出口的影响。结合已有的文献，我们建立以下回归模型：

$$Growth_{it} = \alpha_0 + \alpha_1 fdi_{it} + \alpha_2 finance_{it} + \alpha_3 exjg_{it} + \alpha_4 exyb_{it} + X'_{it}\gamma + \mu_{it}$$

$$(3.5)$$

$$exyb_t = exjl_t + exll_t + \varepsilon_t \qquad (3.6)$$

模型（3.5）将检验加工贸易出口对中国经济增长的促进作用，使用中国省级面板数据进行检验。其中，下标 i 表示省份，t 表示时间，$exjg$ 表示加工贸易出口，$exyb$ 表示一般贸易出口，$Growth$ 表示经济增长，fdi 为外商直接投资，$finance$ 表示金融发展程度，X' 表示其他控制变量向量，包括政府支出 gov，人力资本 hk，通货膨胀率 cpi，固定资产投资 $inve$ 等。模型（3.6）检验加工贸易出口对一般贸易出口的影响，将使用时间序列数据进行检验。其中 $exjl$ 表示进料加工贸易出口，$exll$ 表示来料加工贸易出口。

1. 变量及数据来源说明

为检验加工贸易对中国经济增长的直接推动作用，我们使用省级面板数据进行检验，基于数据的可获得性，本模型选择 2002—2014 年中国 30 个省份的数据为样本，而因为数据的严重缺失，将西藏予以剔除。模型中相关变量作出以下界定：经济增长使用通常的做法，用每个省的实际 GDP 增长率表示；外商直接投资用实际使用的外商直接投资与 GDP 的比率表示；对于金融发展水平，参照周立（2004）的处理方法，用全部金融机构的存贷款与 GDP 的比值作为金融发展的替代指标；人力资本，我们参照巴罗和李（Barro 和 Lee，2000）的做法，采用人均受教育年限指标表示，即全部就业人员的受教育年限总和与总人口比值；各省的加工贸易出口和一般贸易出口使用当年的人民币兑美元的中间汇率折算成人民币价格。模型（3.6）检验加工贸易出口对一般贸易出口的影响，样本我们将选择中国 1995—2014 年的月度数据。最后，本书所使用的数据如果未进行特殊说明，都来自《中经网统计数据库》。

2. 实证分析

表 3-2 给出了模型（3.5）的回归结果，根据豪斯曼的检验结果，采用固定效应模型进行估计。为了分离加工贸易出口通过推动一般贸易出口进而对经济增长产生影响，在表 3-2 的第 I 栏中我们没有加入反映一般贸易出口（exyb）指标的变量进行回归，可以发现，加工贸易出口对中国经济的增长具有显著的促进作用，加工贸易出口每增长 1%，将导致中国经济增长 0.086%，由于没有控制一般贸易出口的影响，因此加工贸易出口对经济增长的这种正向影响既有可能来自于加工贸易出口对经济增长的直接推动作用，也包含通过推动一般贸易的出口对经济增长的影响。在第 II 栏中添加了反映一般贸易出口的变量（exyb），可以发现，一般贸易出口的系数也为正，且通过了 1% 的显著性水平检验，表明一般出口对中国经济增长也具有显著的促进作用，一般贸易出口每增长 1%，将导致中国经济增长 0.12%，同时，我们可以发现，控制了一般贸易出口的影响后，加工贸易出口的系数虽然仍然显著为正，但系数明显变小，表明加工贸易出口对经济增长的影响一部分可能是通过推动一般贸易出口实现的。为了证实加工贸易出口对一般出口的推动作用，下面我们将基于模型（3.6）进行实证检验。

表 3 - 2　因变量为 GDP 增长率的回归结果

变量	I		II	
exjg	0.086 (0.018) * * *	0.071 (0.01) * * *	0.037 (0.009) * * *	0.034 (0.008) * * *
exyb			0.121 (0.026) * * *	0.093 (0.024) * * *
fdi	0.206 (0.079) * *	0.197 (0.084) * *	0.157 (0.072) * *	0.168 (0.075) * * *
finance	0.059 (0.102)	0.048 (0.201)	0.025 (0.157)	0.028 (0.148)
inve	0.304 (0.008) * * *	0.491 (0.008) * * *	0.483 (0.007) * * *	0.289 (0.065) * * *
X′	是	是	是	是
模型	FE	RE	FE	RE
Hausman 检验 x^2 统计量	50.12		48.36	
H_0:RE 优于 FE	P = 0.000		P = 0.000	

注：(1) 回归系数下括号内的数值为标准差；(2) *、* *、* * *分别表示通过显著水平为 10%、5%、1% 的检验；(3) 回归软件为 stata10.0；(4) FE 为固定效应模型。

由于对于模型（3.6）我们使用的是月度的时间序列数据，对于季节性变量出口具有明显的季节性趋势，进行分析前应当进行季节性调整以剔除季节性因素的影响。本书使用移动平均季节调整法对各变量进行季节性调整。将一个时间序列变量对另一个时间序列变量直接进行回归得出的关系可能是伪回归，考察变量之间是否具有长期关系，可以使用协整技术，按照协整的定义，如果变量之间存在协整关系，二者必须是同阶单整的，因此必须首先对要考察的变量序列进行单位根检验。我们首先用 ADF 单位根检验方法检验两个变量的平稳性，滞后阶数的选择采取施瓦茨信息准则（SIC），SIC 值越小，则滞后阶数越佳。表 3 - 3 给出了检验结果。

表3－3　变量的 ADF 单位根检验结果

变量	水平值检验结果			一阶差分的检验结果		
	检验形式 （C，T，L）	ADF 值	P 值	检验形式 （C，T，L）	ADF 值	P 值
exyb	（C，T，2）	0.854	0.995	（C，0，1）	－14.3	0.00
exjl	（C，T，2）	－1.493	0.829	（C，0，1）	－14.04	0.006
exll	（C，T，2）	－1.445	0.844	（C．0，1）	－14.21	0.000

注：ADF 检验形式为（C，T，L），其中 C 和 T 表示带有常数项和趋势项，L 为滞后阶数，由 C 和 SC 值最小准则确定。

从表3－3的单位根检验情况来看，所有变量的水平值皆不平稳，而其一阶差分在1%的显著水平下都是平稳的，认为满足协整的同阶单整要求，可以进行协整关系检验。协整检验的方法包括 Engle－Granger 两步法和 Johansen 协整检验法，而对于多变量的协整检验则通常使用 Johansen 检验法。因此，下面我们用 Johansen 协整检验法对基于模型（3.6）所构成的系统是否具有长期稳定的关系。

Johansen 协整检验是一种基于向量自回归模型的检验方法，在进行协整检验之前，必须先确定 VAR 模型的最佳滞后阶数。一般的方法是从较大的滞后阶数开始，通过对应的 LR 值、FPE 值、AIC 值、SC 值、HQ 值等确定。由于模型中各变量都具有明显的增长趋势，这些趋势也应当体现在协整方程的设定当中，通过模型选择的联合检验，我们确定所有的协整检验设定中选择时间序列和协整方程都有线性趋势。表3－4给出了协整检验的结果。

表3-4　基于模型（3.6）各变量协整向量个数检验结果

零假设	特征值	最大特征值统计量	5%临界值	P值
无*	0.156	45.19	42.91	0.02
至多1个	0.059	13.52	25.87	0.697
至多2个	0.011	2.12	12.51	0.96

注：检验方法是基于 VAR 模型的 Johansen 协整检验；根据 AIC 值确定最佳滞后阶数为4；*表示在5%的显著性水平下拒绝零假设。

表3-4 的检验结果表明，一般贸易出口（exyb）、进料加工贸易出口（exjl）、来料加工贸易出口（exll）所构成的系统在5%的显著性水平下存在唯一一个稳定的协整关系。估计出经过标准化的协整关系式，可以得到以下协整方程：

$$exyb_t = 0.789exjl_t + 0.247exll_t + 0.001trend_t + 0.03 + \mu_t$$

$$(0.14) \qquad (0.11) \qquad (0.001) \qquad\qquad (3.7)$$

从协整方程（3.7）中可以发现，t 统计量表明各个变量在协整关系式中显著，表明进料加工贸易出口和来料加工贸易出口对一般贸易出口具有显著的影响，具体来看，进料加工贸易出口每提高1%，将导致一般贸易出口提高0.79%；来料加工贸易出口每提高1%，将导致一般贸易出口提高0.25%。因此，我们的结论证实了前文中加工贸易出口通过推动一般贸易出口进而促进经济增长的结论。

二、加工贸易技术升级的模型构建

（一）使用方法简介

本书的测量加工贸易技术含量的方法，其思路最早由迈开里（Michaely）提出。迈开里构建了一个指标用来测定出口产品的技术复杂度，该指标是生产并出口某种产品的国家或地区的人均真实 GDP 用该种产品的世界出口份额为权重的加权平均。李嘉图的比较优势理论是该指标的理论基础。根据该理论，最合理的体现产品技术含量的指标是生产该产品的劳动生产率。所有产品都有诸多现实和潜在的生产国，但实际情况是国家不同则劳动生产率不同，劳动生产率低，那么工资就低，同理，劳动生产率高则工资就高。在国际贸易中，产品的相对生产成本决定了不同的国家进行不同产品的生产，凭借低成本优势进行技术含量低的产品的生产是工资低的国家或地区，凭借高科技含量、高附加值优势进行技术含量高的产品的生产只能是工资高的国家或地区。据此分析路径，国家或地区工资水准与所生产的产品的技术含量形成高度关联性。所以，产品技术含量的测度有理由使用生产并出口的国家或地区的工资水平依据该产品的世界出口份额的加权平均数。因为国家或地区的人均 GDP 和工资水准具有高度的关联性，所以工资水平用人均 GDP 来表示。

以迈开里的研究为基础，有学者（关志雄，2004）探讨了国家层面的出口结构高度与偏差值的测算，其方法是，权数采用出口国家或地区在国际市场中的产品份额，与出口国的人均 GDP 相乘计算出口产品的技术含量水平。然而，上述方法的不足之处是出口规模小的国家在测算中几乎没有体现。为了克服这一缺陷，豪斯曼、黄和罗德瑞克改进了方法，设计了新指数——显示比较优势指数，以某商品占该国或地区总出口的份额相对于全球总水平的比重为新权数，得到测算产品技术复杂度的新指标。

（二）具体指标的计算

下面将分析豪斯曼、黄和罗德瑞克等人的测量产品技术含量的方法。简而言之，该方法是利用出口国的实际人均 GDP 的加权平均数来衡量某种产品的技术复杂度，公式为：

$$TSP_i = \sum_c \frac{x_{ic} / \sum x_{ic}}{\sum_c \left(x_{ic} / \sum x_{ic} \right)} Y_c \tag{3.8}$$

其中，用 c 代表国家或地区，i 代表某种产品，x 代表产品的出口额，Y_c 代表 c 国或地区人均真实 GDP，$\sum x_{ic}$ 是 c 国或地区的出口。$x_{ic} / \sum x_{ic}$ 代表第 i 种产品在 c 国总出口中的比重，$\sum_c \left(x_{ic} / \sum x_{ic} \right)$ 代表所有国家第 i 种产品在 c 国总出口份额的和。所以，TSP_i 是对所有出口第 i 种产品国家的实际人均 GDP 按照其贸易份额加权的平均值。上述内容解释过产品的技术含量可以用出口国的实际人均收入来体现，所以，TSP_i 成为一种测量产品技术含量的方法。

我们接着推导一个国家或地区的出口产品结构复杂度指数，这一指标是一个国家或地区全部出口产品技术复杂度指数的加权平均数。其中，出口产品技术复杂度指数运用公式（3.8）计算，每种产品的出口占国家或地区总出口的比重为权数，得到公式：

$$HTSP_c = \sum_i \left\{ \frac{x_{ic}}{\sum_i x_{ic}} TSP_i \right\} \tag{3.9}$$

$\dfrac{x_{ic}}{\sum_i x_{ic}}$ 代表第 i 种产品在 c 国总出口中的比重，权重是 c 国出口第 i 种产品的金额占全国总出口额的比重，该指数可在国家及产业的宏观角度层面运用。这一计算方法的不足之处是，出口大国的影响力可能被高估，而出口小国具备比较优势的出口产品可能会被忽视。

（三）数据——世界投入产出表 1995—2014 年（WIOD）

本书计算所使用的数据来源于世界投入产出表，该表的编制方是 WIOD 项目组。WIOD 项目是欧盟委员会第 7 框架研究计划的一部分，承担 WIOD 项目的是欧盟的 11 所大学和研究机构。世界投入产出数据库

（WIOT）采集的数据横跨了 1995—2014 年共 20 个年度，其中包含 40 个国家和地区，35 个产业和 59 种产品，是一份年度时序国际投入产出表；该表的数据主要来源不是 40 个国家和地区的投入产出表，而是这些国家的供给表和使用表（SUTs）。如果哪个年份缺少 SUT，则采用的方法是，以各国的国民核算账户为基础，运用 RAS 程序来估计投入产出结构（Erumban 等，2010、2011）。该表具体的编制原则和编制方法见 Marcel Timmer（2012）。

1. 世界投入产出表的结构

表 3-5 是三区域世界投入产出表结构简表。世界投入产出表是基于区域间投入产出表编制的。三个区域分别是国家 A、国家 B 和世界其他国家。采用相同的产业分类，每个产业的产出分解为中间需求和最终需求。行表示中间需求，列表示中间投入。行的中间需求与最终需求相加等于产业的总产出，列的中间投入和附加值相加等于总产出。总产出等于总投入。

表 3-5 三区域世界投入产出表示意

			国家 A 产业 中间需求	国家 B 产业 中间需求	世界其他 国家 产业 中间需求	国家 A 最终需求	国家 B 最终需求	世界其他国家 最终需求	总和
国家 A	产业	中间投入	X^{AA}	X^{AB}	X^{AR}	F^{AA}	F^{AB}	F^{AR}	A 国总产出
国家 B	产业	中间投入	X^{BA}	X^{BB}	X^{BR}	F^{BA}	F^{BB}	F^{BR}	B 国总产出
世界其他国家	产业	中间投入	X^{RA}	X^{RB}	X^{RR}	F^{RA}	F^{RB}	F^{RR}	世界其他国家总产出
			附加值 A 国总投入	附加值 B 国总投入	附加值 世界其他国家总投入				

2. 世界投入产出表包含的国家（地区）

世界投入产出表基本囊括了全球重要的经济体，其中有欧盟的 27 个国家，北美的 2 个国家，拉丁美洲的 2 个国家和亚洲、大洋洲等的其他 9 个国家和地区。这 40 个国家和地区的 GDP 占世界 GDP 的比重超过 90%（见表 3-6）。

表 3-6　WIOD 世界投入产出表包含的国家和地区

欧盟	奥地利、比利时、保加利亚、塞浦路斯、捷克、丹麦、爱沙尼亚、芬兰、法国、德国、希腊、匈牙利、爱尔兰、意大利、拉脱维亚、立陶宛、卢森堡、马耳他、荷兰、波兰、葡萄牙、罗马尼亚、斯洛伐克、斯洛文尼亚、西班牙、瑞典、英国
北美	加拿大、美国
拉丁美洲	巴西、墨西哥
亚洲太平洋	中国、印度、日本、韩国、澳大利亚、中国台湾、土耳其、印度尼西亚、俄罗斯

3. 世界投入产出表采用的产业分类（见表 3-7）

表 3-7　世界投入产出表产业分类

产业代码	产业名称（英文）	产业名称（中文）
c1	Agriculture, Hunting, Forestry and Fishing	农、林、牧、渔业
c2	Mining and Quarrying	采矿业
c3	Food, Beverages and Tobacco	食品、饮料和烟草制品业
c4	Textiles and Textile Products	纺织业
c5	Leather and Footwear	皮革与制鞋业

产业代码	产业名称（英文）	产业名称（中文）
c6	Wood and Products of Wood and Cork	木材加工业
c7	Pulp, Paper, Printing and Publishing	纸浆、纸印刷及出版
c8	Coke, Refined Petroleum and Nuclear Fuel	焦炭、精炼石油及核燃料加工业
c9	Chemicals and Chemical Products	化学原料及化学制品制造业
c10	Rubber and Plastics	橡胶及橡胶制品业
c11	Other Non-Metallic Mineral	其他非金属制品业
c12	Basic Metals and Fabricated Metal	基本金属及金属制品业
c13	Machinery, Nec	通用设备制造业
c14	Electrical and Optical Equipment	电子和光学设备制造业
c15	Transport Equipment	交通运输设备制造业
c16	Manufacturing, Nec; Recycling	通用制造业、回收
c17	Electricity, Gas and Water Supply	电力、燃气及水的生产和供应业
c18	Construction	建筑业
c19	Sale, Maintenance and Repair of Motor Vehicles and Motorcycles; Retail Sale of Fuel	汽车、摩托车销售、维修；燃料零售
c20	Wholesale Trade and Commission Trade, Except of Motor Vehicles and Motorcycles	除汽车和摩托车外的批发
c21	Retail Trade, Except of Motor Vehicles and Motorcycles; Repair of Household Goods	零售贸易（除汽车和摩托车）、家居用品修理
c22	Hotels and Restaurants	住宿和餐饮业
c23	Inland Transport	道路运输
c24	Water Transport	水上运输
c25	Air Transport	航空运输

产业代码	产业名称(英文)	产业名称(中文)
c26	Other Supporting and Auxiliary Transport Activities; Activities of Travel Agencies	其他支持性运输活动、旅行社活动
c27	Post and Telecommunications	邮政业
c28	Financial Intermediation	金融业
c29	Real Estate Activities	房地产业
c30	Renting of M&Eq and Other Business Activities	租赁和商务服务业
c31	Public Admin and Defence; Compulsory Social Security	公共管理和国防、强制性社会安全
c32	Education	教育
c33	Health and Social Work	卫生和社会工作
c34	Other Community, Social and Personal Services	其他社区、社会及个人服务业
c35	Private Households with Employed Persons	有雇工的私人家庭

世界投入产出表把产业部门分为35个，大部分国家和地区都涵盖35个产业，中国的 c19 和 c35 产业产出为零。

使用数据的具体方法，每个国家和地区、每个产业的总产出直接从投入产出表中可以得到。世界投入产出表中的每一个国家的一个产业扣除本国的中间需求和最终需求剩余的就是该国和地区该产业的总出口。这样，就可以得到40个国家和地区，每个国家35个产业的出口比重，也可以得到一国总的出口。

为什么本书没有直接利用国际进出口贸易数据？原因是：一方面可能存在统计口径的不一致，另一方面也存在重复计算的问题。

三、中国加工贸易技术升级的分析——基于国际比较的视角

根据上节阐述的方法，我们依据 WIOD 编制的世界投入产出表计算了 1995 年、2000 年、2009 年和 2014 年的全球 40 个国家和地区的 TSP 和 HTSP，结果见表 3 - 8。

表3-8 世界40个国家和地区1995年、2000年、2009年和2014年出口产品结构复杂度指数

	1995 年	2000 年	2009 年	2014 年
澳大利亚	10528.18	12427.35	24763.00	36124.05
奥地利	12421.99	14515.38	27745.06	40711.28
比利时	11986.42	14042.55	27342.39	39762.11
保加利亚	11030.33	12398.38	25251.74	38000.70
巴西	11296.68	13195.91	25027.20	37187.34
加拿大	12297.92	13614.95	25280.80	38120.00
中国	10395.46	12301.39	24280.48	36882.42
塞浦路斯	9563.44	12291.71	26506.31	38900.72
捷克	11207.16	13670.04	25434.18	37665.53
德国	13041.32	14781.51	27150.22	41011.12
丹麦	12014.36	14263.24	27853.39	41987.61
西班牙	12374.18	14189.71	27134.31	41321.58
爱沙尼亚	10491.24	12282.66	25932.06	39128.32
芬兰	13011.94	14699.52	27623.17	41337.24
法国	12718.06	14514.43	27016.71	39128.32
英国	13024.77	15554.91	34102.68	50033.72
希腊	10311.77	13479.63	29334.77	45783.26

续表

	1995 年	2000 年	2009 年	2014 年
匈牙利	11219.26	13773.78	25360.32	38881.24
印度尼西亚	10116.98	11970.16	23647.09	36723.18
印度	9779.83	11493.47	24348.77	37964.08
爱尔兰	13047.80	16279.41	34520.80	51127.96
意大利	11888.87	13509.41	26297.77	39714.66
日本	13447.77	14697.97	25970.12	39011.95
韩国	12117.04	13712.01	26045.61	41324.56
立陶宛	9555.26	10953.88	23957.36	36684.78
卢森堡	17084.33	25224.18	53968.13	72645.67
拉脱维亚	10180.51	11415.64	24913.81	39012.41
墨西哥	11702.68	13005.10	24093.74	39512.46
马耳他	11973.43	13809.08	27178.89	41855.43
荷兰	11800.13	14018.36	28041.54	42541.03
波兰	10897.72	12948.64	25106.34	38583.65
葡萄牙	11072.35	13271.52	26151.52	42185.77
罗马尼亚	10473.09	11717.27	24591.07	38924.53
俄罗斯	9754.61	11327.44	22831.02	35012.08
斯洛伐克	11541.87	13300.48	25165.60	38000.12
斯洛文尼亚	11751.78	13620.74	26224.60	39876.43
瑞典	13190.88	14903.95	27932.93	40541.00
土耳其	9705.27	11210.51	23707.40	34923.54
中国台湾	12079.61	13762.40	24875.58	35764.38
美国	13214.46	15393.93	30173.75	48392.83

资料来源：根据 WIOD 项目组编制的世界投入产出表相关数据计算而得。

表 3-8 显示了世界 40 个国家和地区 1995 年、2000 年、2009 年及 2014 年出口产品结构复杂度指数，能看出 1995—2014 年这 20 年间，40 个国家和地区的出口产品技术含量的绝对水平都呈现上升的趋势。说明在知识经济时代，每个国家都在力求科学技术的进步和产品科技含量的提升。

（一）中国的出口产品技术含量的变化分析

1. 各年度的比较

从表 3-9 至表 3-12 可看出中国在 1995—2014 年间，出口产品技术含量的绝对水平呈现上升的趋势。1995—2000 年，HTSP 从 10395.46 升至 12301.39，上升了 18%。特别是 2000—2009 年，从 12301.39 升至 24280.48，上升了 97%，几乎提高了 1 倍。而 2009—2014 年，从 24280.48 升至 36882.42，上升了 52%。从 1995 年到 2014 年的 20 年间，HTSP 从 10395.46 升至 36882.42，上升了 255%，平均每年上升 1324.35，达 13% 的变化幅度。很显然，技术升级在中国出口产品中是存在的。从自身来看，以每年接近 13% 的速度提高，出口产品技术含量的提高是比较快的。

表 3-9　中国 1995 年与 2000 年的出口产品技术含量的变动

1995 年	2000 年	变化值	变化比率
10395.46	12301.39	1905.93	0.18

表 3-10　中国 2000 年与 2009 年的出口产品技术含量的变动

2000 年	2009 年	变化值	变化比率
12301.39	24280.48	11979.09	0.97

表 3-11　中国 2009 年与 2014 年的出口产品技术含量的变动

2009 年	2014 年	变化值	变化比率
24280.48	36882.42	12601.94	0.52

表 3 - 12　中国 1995 年与 2009 年的出口产品技术含量的变动

1995 年	2014 年	变化值	变化比率	年均变化值	年均变化比率
10395.46	36882.42	26486.96	2.55	1324.35	0.13

2. 排名的变化

1995 年中国出口产品技术含量排名在 40 个国家和地区中位于 32 名，2000 年位于 31 名，2009 年位于 35 名，2014 年位于 34 名，在 WIOD 排名总体靠后，都在 30 名之后（见表 3 - 13）。说明出口产品结构复杂度指数在全球范围内并没有显著改变。从该指标来看，近些年，中国出口产品的技术含量与世界水平相比没有提升。这个结论与拉尔（Lall）等的研究得出的观点一致。其实，有学者认为中国出口产品的技术含量得到了有效的提升。这一观点与本书的研究结论也不矛盾。可以这样理解，中国出口产品的技术含量得到了有效的提升，但是其他国家和地区出口产品的技术含量的提升速度比中国更快，所以中国的排名不但没有提前，还更为靠后。例如日本、韩国的升级速度更快，与中国的差距越来越大。

表 3 - 13　中国出口产品技术含量排名的变动

年度	1995 年	2000 年	2009 年	2014 年
排名	32	31	35	34

3. 平均值对比

表 3 - 14 列出了中国 1995 年、2000 年、2009 年和 2014 年四年的出口产品结构复杂度指数与 40 个国家和地区的平均值。1995 年中国的出口产品结构复杂度指数为 10395.46，40 个国家和地区的出口产品结构复杂度指数平均值为 11370.27，相差 974.81，占比 0.914。2000 年中国的出口产品结构复杂度指数为 12301.39，40 个国家和地区的出口产品结构复杂度指数平均值为 13393.5，相差 1092.11，占比 0.918。2009 年中国的

出口产品结构复杂度指数为24280.48，40个国家和地区的出口产品结构复杂度指数平均值为26476.7，相差2196.22，占比0.917。2014年中国的出口产品结构复杂度指数为36882.42，40个国家和地区的出口产品结构复杂度指数平均值为40807.23，相差3924.81，占比0.904。可看出，中国的出口产品结构复杂度指数没有达到世界平均水平，并且20年间差距从绝对值来看，越来越大，但由于该指标的整体提升，从比率来看，中国离平均值的差距只是略微缩小。说明中国出口产品的技术含量与世界水平比，还是偏低。虽然中国出口产品的技术含量在提升，但提升速度还是追不上其他国家和地区，以至于一直没达到平均水平。

表3-14　中国与40个国家和地区1995年、2000年、2009年和2014年HTSP的平均值的比较

	1995 年	2000 年	2009 年	2014 年
中国	10395.46	12301.39	24280.48	36882.42
平均值	11370.27	13393.50	26476.70	40807.23
差值	974.81	1092.11	2196.22	3924.81
比率	0.914	0.918	0.917	0.904

（二）中国与发达国家的出口产品技术含量的对比分析

本书选取的发达国家为卢森堡、美国、德国、日本和英国，通过与这些世界发达国家的对比，研究中国出口品技术含量与世界先进水平的差距和变化趋势。

1. 中国与卢森堡的比较

卢森堡是2014年世界人均GDP最高的国家，在所选的40个国家和地区中，出口产品结构复杂度指数历年都处于最高水平。中国GDP总量的世界排名2014年为第二名，但人均GDP位列全球84名。

表3-15列出了中国和卢森堡1995年、2000年、2009年和2014年四年的出口产品结构复杂度指数与两者的差值和比率。1995年中国的出

口产品结构复杂度指数为 10395.46，卢森堡的出口产品结构复杂度指数为 17084.33，相差 6688.87，占比 0.61。2000 年中国的出口产品结构复杂度指数为 12301.39，卢森堡的出口产品结构复杂度指数为 25224.18，相差 12922.79，占比 0.49。2009 年中国的出口产品结构复杂度指数为 24280.48，卢森堡的出口产品结构复杂度指数为 53968.13，相差 29687.65，占比 0.45。2014 年中国的出口产品结构复杂度指数为 36882.42，卢森堡的出口产品结构复杂度指数为 72645.67，相差 35763.25，占比 0.51。可以看出，中国的出口产品结构复杂度指数与全球最高值差距很大，并且 20 年间从绝对值来看，差距越来越大。2000—2009 年，中国的出口产品结构复杂度指数降至还不到卢森堡的一半，2009—2014 年，升至一半，说明中国出口产品的技术含量与世界高水平比，还有很大距离。而且，从发展趋势来看，差距一直在拉大。虽然中国出口产品的技术含量在提升，但提升速度远远赶不上卢森堡。

表 3 – 15　中国与卢森堡出口产品技术含量的比较

	1995 年	2000 年	2009 年	2014 年
中国	10395.46	12301.39	24280.48	36882.42
卢森堡	17084.33	25224.18	53968.13	72645.67
差值	6688.87	12922.79	29687.65	35763.25
比率	0.61	0.49	0.45	0.51

2. 中国与美国的比较

美国是 2014 年世界 GDP 总量最高的国家，人均 GDP 位列全球第 9 名，是当今世界公认的经济实力最强大、科技水平最高的国家。

表 3 – 16 列出了中国和美国 1995 年、2000 年、2009 年和 2014 年四年的出口产品结构复杂度指数与两者的差值和比率。1995 年中国的出口产品结构复杂度指数为 10395.46，美国的出口产品结构复杂度指数为

13214.46，相差 2819.00，占比 0.79。2000 年中国的出口产品结构复杂度指数为 12301.39，美国的出口产品结构复杂度指数为 15393.93，相差 3092.54，占比 0.80。2009 年中国的出口产品结构复杂度指数为 24280.48，美国的出口产品结构复杂度指数为 30173.75，相差 5893.27，占比 0.80。2014 年中国的出口产品结构复杂度指数为 36882.42，美国的出口产品结构复杂度指数为 48392.83，相差 11510.41，占比 0.76。可以看出，中国的出口产品结构复杂度指数与全球最强的经济实体差距大，并且 20 年间从绝对值来看，差距越来越大，但由于两国该指标的整体提升，从比率来看，变化很小，在 0.05 以内。说明中国出口产品的技术含量与世界技术水平最高的美国比，还很有距离。但从发展趋势来看，差距没有明显拉大。也就是说，中国出口产品的技术含量在提升，提升速度与美国差不多。

表 3-16   中国与美国出口产品技术含量的比较

	1995 年	2000 年	2009 年	2014 年
中国	10395.46	12301.39	24280.48	36882.42
美国	13214.46	15393.93	30173.75	48392.83
差值	2819.00	3092.54	5893.27	11510.41
比率	0.79	0.80	0.80	0.76

3. 中国与德国的比较

德国的 GDP 总量在世界排名 2014 年为第四名，人均 GDP 位列全球第 18 名，是二战后经济发展最快和最平稳的国家之一。其科技水平在全球的强大实力是有目共睹的。

表 3-17 列出了中国和德国 1995 年、2000 年、2009 年和 2014 年四年的出口产品结构复杂度指数与两者的差值和比率。1995 年中国的出口产品结构复杂度指数为 10395.46，德国的出口产品结构复杂度指数为

13041.32，相差 2645.86，占比 0.80。2000 年中国的出口产品结构复杂度指数为 12301.39，德国的出口产品结构复杂度指数为 14781.51，相差 2480.12，占比 0.83。2009 年中国的出口产品结构复杂度指数为 24280.48，德国的出口产品结构复杂度指数为 27150.22，相差 2869.74，占比 0.89。2014 年中国的出口产品结构复杂度指数为 36882.42，德国的出口产品结构复杂度指数为 41011.12，相差 4128.7，占比 0.90。可以看出，中国的出口产品结构复杂度指数与德国差距较大。20 年间，从绝对值来看，1995—2000 年，差距一度缩小，2000 年至 2014 年差距又再度变大。从比率来看，从 1995 年的 0.80，到 2000 年的 0.83，再到 2009 年的 0.89，最后到 2014 年的 0.90，一直在提高。说明中国出口产品的技术含量与德国比，是有距离，但从发展趋势来看，差距在缩小。也就是说，中国出口产品的技术含量在提升，提升速度比德国更快。

表 3 – 17　中国与德国出口产品技术含量的比较

	1995 年	2000 年	2009 年	2014 年
中国	10395.46	12301.39	24280.48	36882.42
德国	13041.32	14781.51	27150.22	41011.12
差值	2645.86	2480.12	2869.74	4128.70
比率	0.80	0.83	0.89	0.90

4. 中国与日本的比较

日本的 GDP 总量的世界排名 2014 年为第三名，人均 GDP 位列全球第 24 名，是二战后经济发展最快的国家之一，是亚洲经济和科技最发达的国家。

表 3 – 18 列出了中国和日本 1995 年、2000 年、2009 年和 2014 年四年的出口产品结构复杂度指数与两者的差值和比率。1995 年中国的出口产品结构复杂度指数为 10395.46，日本的出口产品结构复杂度指数为

13447.77，相差 3052.31，占比 0.77。2000 年中国的出口产品结构复杂度指数为 12301.39，日本的出口产品结构复杂度指数为 14697.97，相差 2396.58，占比 0.84。2009 年中国的出口产品结构复杂度指数为 24280.48，日本的出口产品结构复杂度指数为 25970.12，相差 1689.64，占比 0.93。2014 年中国的出口产品结构复杂度指数为 36882.42，日本的出口产品结构复杂度指数为 39011.95，相差 2129.53，占比 0.95。可以看出，中国的出口产品结构复杂度指数与日本有差距。20 年间，从绝对值来看，1995—2009 年差距一直在缩小，2009—2014 年，差距有所拉大。从比率来看，从 1995 年的 0.77，到 2000 年的 0.84，再到 2009 年的 0.93，最后到 2014 年的 0.95，一直在提高。说明中国出口产品的技术含量与日本比，是有距离，但从发展趋势来看，差距在缩小，特别是近 15 年间，这一趋势是明显的。也就是说，中国出口产品的技术含量在提升，提升速度比日本明显快。

表 3 - 18　中国与日本的出口产品技术含量的比较

	1995 年	2000 年	2009 年	2014 年
中国	10395.46	12301.39	24280.48	36882.42
日本	13447.77	14697.97	25970.12	39011.95
差值	3052.31	2396.58	1689.64	2129.53
比率	0.77	0.84	0.93	0.95

　　总之，中国出口产品的技术含量与世界发达国家相比，有较明显的差距，在与其中的卢森堡、美国、德国和日本比较之后，可看出，除卢森堡、美国外，差距在逐步缩小，特别是 2000—2014 年，中国出口产品的技术含量提升速度快，与发达国家的差距在缩小，如图 3 - 1 所示。

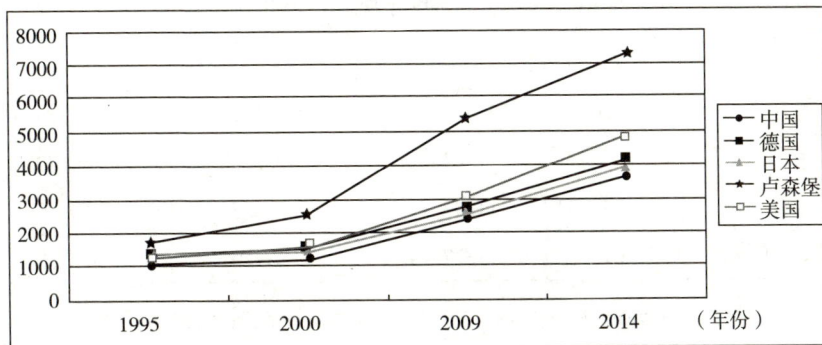

图 3 - 1　中国与四个发达国家 1995—2014 年 HTSP 的变动

（三）中国与新兴发展中国家出口产品技术含量的对比分析

本书将选取中国、巴西、俄罗斯和印度作为新兴发展中国家的代表进行研究对比分析。这四个国家的国土面积占全球总面积的 26%，人口占比更是高达 42%；近些年经济增长速度都非常快，四国已被公认为新兴市场国家的代表，也成为发展中国家的领头羊，国际地位越来越高。四个国家国情不同，禀赋各异，巴西被视为"世界原料基地"；俄罗斯被看作是"世界加油站"；印度被叫作"世界办公室"；中国被称为"世界工厂"。但四国的发展阶段近似，都必须处理好保持增长、维护稳定、保证民生等一系列尖锐问题。四国在全球贸易中都扮演了重要角色。

根据上述的方法，依据 WIOD 编制的世界投入产出表计算了 1995年、2000 年、2009 年和 2014 年中国、巴西、俄罗斯和印度的 TSP 和HTSP，结果见表 3 - 19。

从表 3 - 19 能看出 1995—2014 年这 20 年间，中国、巴西、俄罗斯和印度四国的出口产品技术含量的绝对水平都呈现上升的趋势。说明在知识经济时代，各个国家都在力求科学技术的进步和产品科技含量的提升。

表 3-19　四国 1995 年、2000 年、2009 年和 2014 年出口产品结构复杂度指数

	1995 年	2000 年	2009 年	2014 年
巴西	11296.68	13195.91	25027.20	37187.34
中国	10395.46	12301.39	24280.48	36882.42
印度	9779.83	11493.47	24348.77	37964.08
俄罗斯	9754.61	11327.44	22831.02	35012.08

资料来源：根据 WIOD 项目组编制的世界投入产出表相关数据计算而得。

1. 中国与巴西的比较

巴西的 GDP 总量排名 2014 年已上升至世界第七，在中国、巴西、俄罗斯和印度四国中仅次于中国。

表 3-20 列出了中国和巴西 1995 年、2000 年、2009 年和 2014 年四年的出口产品结构复杂度指数与两者的差值和比率。1995 年中国的出口产品结构复杂度指数为 10395.46，巴西的出口产品结构复杂度指数为 11296.68，相差 901.22，占比 0.92。2000 年中国的出口产品结构复杂度指数为 12301.39，巴西的出口产品结构复杂度指数为 13195.91，相差 894.52，占比 0.93。2009 年中国的出口产品结构复杂度指数为 24280.48，巴西的出口产品结构复杂度指数为 25027.20，相差 746.72，占比 0.97。2014 年中国的出口产品结构复杂度指数为 36882.42，巴西的出口产品结构复杂度指数为 37187.34，相差 304.92，占比 0.99。可以看出，中国的出口产品结构复杂度指数与巴西有差距，但差距不明显。20 年间，从绝对值来看，差距一直在缩小。从比率来看，从 1995 年的 0.92，到 2000 年的 0.93，再到 2009 年的 0.97，最后到 2014 年的 0.99，一直在提高。说明中国出口产品的技术含量与巴西比，是有点距离，但从发展趋势来看，差距在一步步缩小，特别是近 10 年间，这一趋势是明显的，到 2014 年，两国的差距已很小了。也就是说，中国出口产品的技术含量在提升，提升速度比巴西快。

表 3 – 20 中国与巴西的出口产品技术含量的比较

	1995 年	2000 年	2009 年	2014 年
中国	10395.46	12301.39	24280.48	36882.42
巴西	11296.68	13195.91	25027.20	37187.34
差值	901.22	894.52	746.72	304.92
比率	0.92	0.93	0.97	0.99

2. 中国与俄罗斯的比较

俄罗斯的 GDP 总量排名 2014 年位列全球第九,在中国、巴西、俄罗斯和印度四国中排名第三,但其人均 GDP 排名在四国中最前。

表 3 – 21 列出了中国和俄罗斯 1995 年、2000 年、2009 年和 2014 年四年的出口产品结构复杂度指数与两者的差值和比率。1995 年中国的出口产品结构复杂度指数为 10395.46,俄罗斯的出口产品结构复杂度指数为 9754.61,相差 –640.85,占比 1.07。2000 年中国的出口产品结构复杂度指数为 12301.39,俄罗斯的出口产品结构复杂度指数为 11327.44,相差 –973.95,占比 1.09。2009 年中国的出口产品结构复杂度指数为 24280.48,俄罗斯的出口产品结构复杂度指数为 22831.02,相差 –1449.46,占比 1.06。2014 年中国的出口产品结构复杂度指数为 36882.42,俄罗斯的出口产品结构复杂度指数为 35012.08,相差 –1870.34,占比 1.05。可看出,与俄罗斯相比,中国的出口产品结构复杂度指数更高,当然差距不明显。20 年间,从绝对值来看,差距一直在拉大。但由于两国该指标的整体提升,从比率来看,从 1995 年的 1.07,到 2000 年的 1.09,再到 2009 年的 1.06,最后到 2014 年的 1.05,几乎没有变化。说明中国出口产品的技术含量比俄罗斯稍高。从发展趋势来看,差距一直很小。也就是说,中国出口产品的技术含量在提升,提升速度跟俄罗斯相差无几。

表 3-21　中国与俄罗斯的出口产品技术含量的比较

	1995 年	2000 年	2009 年	2014 年
中国	10395.46	12301.39	24280.48	36882.42
俄罗斯	9754.61	11327.44	22831.02	35012.08
差值	-640.85	-973.95	-1449.46	-1870.34
比率	1.07	1.09	1.06	1.05

3. 中国与印度的比较

印度的 GDP 总量排名 2014 年位列全球第十，在中国、巴西、俄罗斯和印度四国中排名第四，其人均 GDP 排名在四国中也最靠后。

表 3-22 列出了中国和印度 1995 年、2000 年、2009 年和 2014 年四年的出口产品结构复杂度指数与两者的差值和比率。1995 年中国的出口产品结构复杂度指数为 10395.46，印度的出口产品结构复杂度指数为 9779.83，相差 -615.63，占比 1.06。2000 年中国的出口产品结构复杂度指数为 12301.39，印度的出口产品结构复杂度指数为 11493.47，相差 -807.91，占比 1.07。2009 年中国的出口产品结构复杂度指数为 24280.48，印度的出口产品结构复杂度指数为 24348.77，相差 68.29，占比 0.997。2014 年中国的出口产品结构复杂度指数为 36882.42，印度的出口产品结构复杂度指数 37964.08，相差 1081.66，占比 0.97。可以看出，与印度相比，中国的出口产品结构复杂度指数在 1995 年和 2000 年更高，但 2009 年情况发生了变化，印度的出口产品结构复杂度指数超过了中国。2014 年，差距扩大。20 年间，从绝对值来看，差距不明显，但印度从负值发展到正值，即由出口产品的技术含量由低于中国发展为超过中国，发生了质变。从比率来看，1995 年的 1.06，到 2000 年的 1.07，再到 2009 年的 0.997，最后到 2014 年的 0.97，也得到印度出口产品的技术含量由低于中国发展为超过中国的结论。说明中国出口产品的技术含量在 20 世纪 90 年代至本世纪初比印度稍高，近十五年来，由于

印度出口产品的技术含量提升速度更快，已超过中国。原因是印度大力发展服务贸易，特别是高科技的软件行业的出口带动了出口产品技术含量快速提升。

表 3 - 22　中国与印度的出口产品技术含量的比较

	1995 年	2000 年	2009 年	2014 年
中国	10395.46	12301.39	24280.48	36882.42
印度	9779.83	11493.47	24348.77	37964.08
差值	-615.63	-807.92	68.29	1081.66
比率	1.06	1.07	0.997	0.97

总之，在 1995—2014 年的 20 年间，中国、巴西、俄罗斯和印度四国的出口产品技术含量都在提升，各国间差距不明显，基本同属一个档次，但是进步最快的是印度。图 3 - 2 清晰地显示了这一结论。

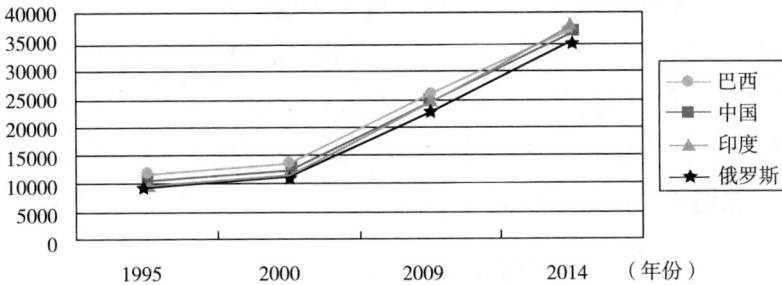

图 3 - 2　中国、巴西、俄罗斯和印度四国 1995—2014 年 HTSP 的变动

（四）中国与亚洲其他一些国家和地区出口产品技术含量的对比分析

本书选取了亚洲的韩国与中国台湾地区进行比较分析，这两个国家和地区都通过加工贸易方式获得经济的快速发展，实现了经济的振兴。

1. 中国与韩国的比较

韩国的 GDP 总量排名 2014 年位列全球第 13，人均 GDP 位列世界第三十三，是实现经济腾飞的"亚洲四小龙"之一，经济的发展取得举世瞩目的成绩。

表 3-23 列出了中国和韩国 1995 年、2000 年、2009 年和 2014 年四年的出口产品结构复杂度指数与两者的差值和比率。1995 年中国的出口产品结构复杂度指数为 10395.46，韩国的出口产品结构复杂度指数为 12117.04，相差 1721.58，占比 0.86。2000 年中国的出口产品结构复杂度指数为 12301.39，韩国的出口产品结构复杂度指数为 13712.01，相差 1410.62，占比 0.90。2009 年中国的出口产品结构复杂度指数为 24280.48，韩国的出口产品结构复杂度指数为 26045.61，相差 1765.13，占比 0.93。2014 年中国的出口产品结构复杂度指数为 36882.42，韩国的出口产品结构复杂度指数为 41324.56，相差 4442.14，占比 0.89。可以看出，中国的出口产品结构复杂度指数与韩国有差距，1995—2014 的 20 年间，从绝对值来看，1995 年与 2000 年比，差距一度缩小；之后，差距又增大了。从比率来看，从 1995 年的 0.86，到 2000 年的 0.90，再到 2009 年的 0.93，一直在提高，最后到 2014 年的 0.89，又稍有降低。说明中国出口产品的技术含量与韩国比，是有距离，但从发展趋势来看，差距在缩小，特别是 1995—2009 年这一趋势是明显的。也就是说，中国出口产品的技术含量在提升，1995—2009 年提升速度比韩国明显快。

表 3-23　中国与韩国的出口产品技术含量的比较

	1995 年	2000 年	2009 年	2014 年
中国	10395.46	12301.39	24280.48	36882.42
韩国	12117.04	13712.01	26045.61	41324.56
差值	1721.58	1410.62	1765.13	4442.14
比率	0.86	0.90	0.93	0.89

2. 中国大陆与中国台湾的比较

中国台湾的 GDP 总量排名 2014 年位列全球第二十六，人均 GDP 位列世界第三十八,是实现经济腾飞的"亚洲四小龙"之一。

表 3 - 24 列出了中国大陆和中国台湾 1995 年、2000 年、2009 年和 2014 年四年的出口产品结构复杂度指数与两者的差值和比率。1995 年中国大陆的出口产品结构复杂度指数为 10395.46,中国台湾的出口产品结构复杂度指数为 12079.61,相差 1684.15,占比 0.86。2000 年中国大陆的出口产品结构复杂度指数为 12301.39,中国台湾的出口产品结构复杂度指数为 13762.40,相差 1461.01,占比 0.89。2009 年中国大陆的出口产品结构复杂度指数为 24280.48,中国台湾的出口产品结构复杂度指数为 24875.58,相差 595.10,占比 0.98。2014 年中国大陆的出口产品结构复杂度指数为 36882.42,中国台湾的出口产品结构复杂度指数为 35764.38,相差 -1118.04,占比 1.03。可以看出,中国大陆的出口产品结构复杂度指数与中国台湾在 1995—2014 年的 20 年间,从绝对值来看,差距一直在缩小并实现了赶超。从比率来看,从 1995 年的 0.86,到 2000 年的 0.89,再到 2009 年的 0.98,最后到 2014 年的 1.03,一直在提高。说明中国大陆出口产品的技术含量与中国台湾比,在 20 年间已实现了超越。也就是说,中国大陆出口产品的技术含量在提升,提升速度比中国台湾明显快。

表 3 - 24 中国大陆与中国台湾的出口产品技术含量的比较

	1995 年	2000 年	2009 年	2014 年
中国大陆	10395.46	12301.39	24280.48	36882.42
中国台湾	12079.61	13762.40	24875.58	35764.38
差值	1684.15	1461.01	595.10	-1118.04
比率	0.86	0.89	0.98	1.03

总之,作为亚洲地区发展快的新兴国家和地区,中国大陆、韩国和中国台湾出口产品的技术含量在 1995—2014 年一直在提升,中国与韩国的差距在发展中逐步缩小。中国大陆实现了对中国台湾地区的赶超(见

图 3 - 3）。

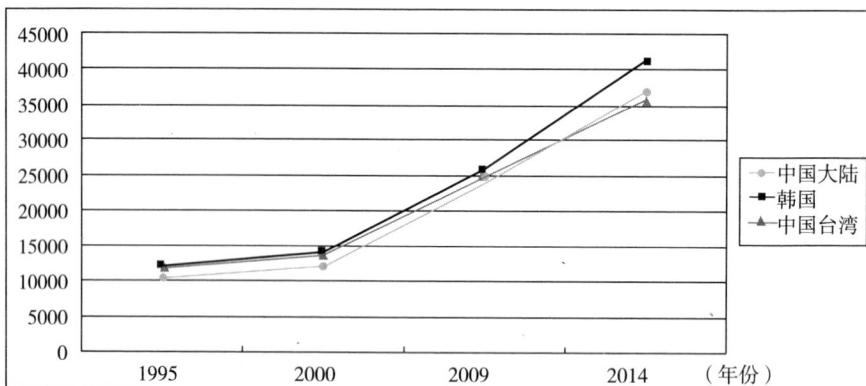

图 3 - 3　中国大陆、韩国和中国台湾 1995—2014 年 HTSP 的变动

四、中国加工贸易技术升级的分析——基于国内比较的视角

本章第二部分已详细阐述了 *TSP* 和 *HTSP* 的原理与计算方法，这两个指标描述的是国家层面出口产品的整体技术含量。在本节将利用这两个指标，试图进行更深入的研究，将出口产品技术含量中由中国产生的部分进行剖析计算。

（一）具体指标的计算

下面的方法主要是以姚洋和张晔（2008）的研究成果为基础。姚洋和张晔认为国家层面出口产品的整体技术含量是一国技术水平的体现，但更为准确的指标是出口品在国内生产环节的技术增加值。

先计算产品的综合技术含量，公式为

$$Z_i = \sum_j \delta_{ij} TSP_j + \left(1 - \sum_j \delta_{ij}\right) TSP_i \qquad (3.10)$$

其中，i 代表某种产成品，j 代表其中的中间投入品，δ_{ij} 代表生产 i 要投入 j 的价值量，即直接消耗系数，δ_{ij} 源自投入产出表。此处，$i \neq j$。因

为生产 i 的最终工序价值含于 i 的单位价值中，所以 δ_{ij} 对 j 的求和小于 1。

这个公式的含义是，某种产成品的综合技术含量由两部分组成，一是投入品的技术含量，二是具体生产工序的技术含量。第一部分是所有投入品的技术复杂度指数，第二部分是产成品本身的技术复杂度指数，综合技术含量是两者的加权平均。投入品的权重采用直接消耗系数，表示投入品对产成品的价值的贡献率。$(1-\delta_{ij})$ 代表加工装配环节对产成品的价值的贡献率，即该环节新增的价值在产成品总价值中的份额。我们假设产成品的技术复杂度指数表示其最后的工序的技术含量。因为某个国家或地区在出口产品的生产中的贡献及技术程度是我们的研究重点。

接着我们推导产成品 i 的本国技术含量，公式为：

$$Z_i^h = \sum_j \delta_{ij}(1-\varepsilon_j)TSP_j + (1-\sum_j \delta_{ij})TSP_i \tag{3.11}$$

ε_j 代表第 j 类投入品的进口比率，该公式测度的是产成品 i 在本国生产组装环节的技术含量。

最后，我们推导出口产成品本国技术含量指数，公式为：

$$HTC_i = \frac{Z_i^h}{Z_i} \tag{3.12}$$

大多数产成品的本国技术含量指数在 0—1 之间，我们进行研究的也是该类产成品。

根据上面三个公式，部门层面的 Z_i、Z_i^h 和 HTC_i 可以计算得出。因此，用 θ_k 表示第 k 个部门的出口占比，加权平均后得到一个国家或地区层面上的出口产成品的整体技术含量 Z、本国技术含量 Z^h 和出口产成品本国技术含量指数 HTC，公式为：

$$Z = \sum_i \theta_k Z_i \tag{3.13}$$

$$Z^h = \sum_i \theta_k Z_i^h \tag{3.14}$$

$$HTC = \sum_i \theta_k HTC_i \tag{3.15}$$

其中，Z 表示一个国家或地区出口的产成品的所有技术含量，Z^h 表示出口的产成品在本国的生产加工环节创造的技术含量，HTC 表示出口产成品的本国生产环节的技术含量占所有技术含量的比率。

出口产成品是在中国的全部企业所生产的用于出口的产品，本土企业和三资企业均包括在内。

（二）数据来源和产业部门分类

本节数据来源于中国 1997 年、2002 年、2007 年和 2012 年的投入产出表，但对行业部门进行了分类汇总，依据的标准是世界投入产出数据库（WIOT）35 个产业部门的划分标准，本章第二部分详细阐述过这些内容。

（三）结果分析

根据上述的计算方法，得到以下结果，如表 3 – 25 所示。

表 3 – 25　中国 1997 年、2002 年、2007 年和 2012 年的 Z、Z^h 和 HTC 值

	1997 年	2002 年	2007 年	2012 年
Z	12043.93	14638.65	18980.62	21087.65
Z^h	10719.10	9293.32	14804.88	16872.22
HTC	0.89	0.63	0.78	0.80

资料来源：根据中国投入产出表相关数据计算而得。

从表 3 – 25 可以看出，就 Z 值而言，中国在 1997—2007 年呈持续上升趋势；Z^h 值 1997 年为 10719.10，2002 年为 9293.32，下降了 1425.78，五年间降低了约 13%；到 2007 年升至 14804.88，五年里上升了 5511.56，约 59%；2012 年升至 16872.22，五年里上升了 2067.34，约 14%。而且 Z 和 Z^h 的差距 1997 年为 1324.83，2002 年为 5345.33，2007 年为 4175.74，2012 年为 4215.43。显而易见，2002 年、2007 年和 2012 年比 1997 年明显大，2007 年和 2012 年比 2002 年差距缩小了（见图 3 – 4）。

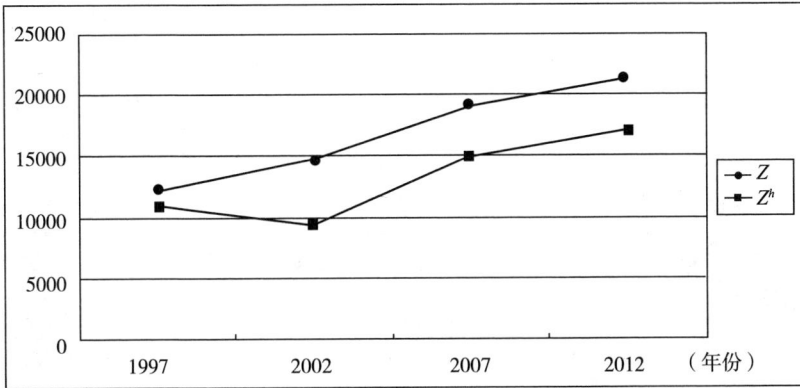

图3－4 中国 1997—2012 年 Z 和 Z^h 的变动

而 HTC 从 1997 年的 0.89，2002 年的 0.63，到 2007 年的 0.78，再到 2012 年的 0.80，也是前五年下降，后十年上升，但 2007 年和 2012 年并没有恢复到 1997 年的水平（见图3－5）。

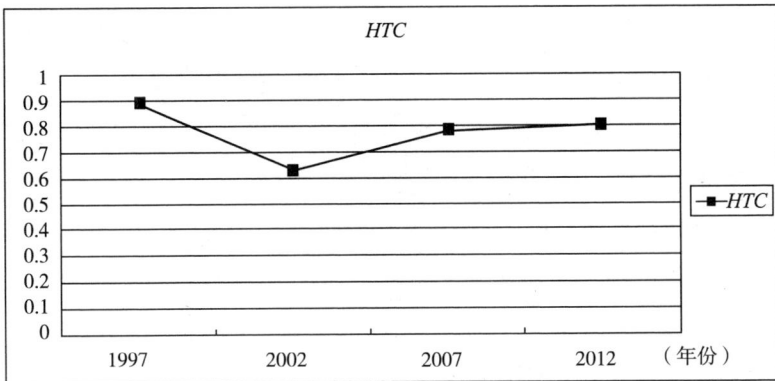

图3－5 中国 1997—2012 年 HTC 的变动

我们对以上的结果做一个简单的分析。加工贸易发展初期，中国最明显的比较优势是劳动力成本优势，这一特征决定了中国进行的是技术含量较低的劳动密集型生产环节。20 世纪 90 年代，以发达国家的跨国公司为主体的外资成为中国加工贸易的主力军。发达国家将高科技产品生产中耗费人力和资源多的环节转移到发展中国家。中国就承接了很多类似性质的产业转移。即技术含量较高的中间品和资本品进口自发达国家，加工组装在中国进行，然后将产成品出口到国外。通过此方式，中国加工贸易的生产体系看似在进行高技术复杂度的产品的制造，但由于没有掌握关键技术，所以未形成核心零部件的生产和研发能力。核心零部件及材料必须依赖进口，使得 HTC 下降。1997—2002 年的数据显示中国正在经历这一阶段。也就是说，高技术产业具备科学技术高、生产环节能异地配置和资源禀赋差异显著等特点，导致发达国家与发展中国家之间频繁进行同一产品内的垂直分工，所以促使发展中国家高技术产业的 HTC 快速降低。如富士康公司的产品是高科技的通信电子设备，但主要是为苹果公司等代工，进行加工组装。富士康在中国的加工贸易工厂有超过百万的流水线工人。

2002—2012 年，HTC 又上升了，可能有两种原因。一种原因是，加工贸易的技术溢出效应。具体些，称之为"干中学效应"。在大规模进口技术含量较高的中间品和资本品的过程中，许多干中学方式，如逆向工程，可使发展中国家的加工贸易企业获取发达国家的技术溢出，逐渐形成高技术中间品的生产能力。很多实践验证了"干中学效应"，例如加工贸易大省广东，经过多年的发展，不断积累科学技术能力和知识实践经验，顺德的家电产业、深圳的通信和信息产业已率先逐步迈进自主技术创新之路，加工贸易在这一发展进程中的贡献是显著的。此外，发展中国家加工贸易企业进行的生产装配环节是全球价值链中的一个链节，跨国公司为了提高产品的国际市场竞争力，加工贸易的上下游关联企业也乐意在一定程度上帮助发展中国家提高技术水平，中国诸多承接跨国公司产业转移的加工贸易企业从中受益，是企业提升技术水平的重要的机会和渠道。比如广东省 TCL、格兰仕，先为海外企业做代工，现已成长为中国的著名企业。还有，加工贸易多年的发展，变化也体现在发展中国家的资源禀赋上，如人力资本和企业研发投入等，工人素质得到提高，企业研发投入持续加大，促进了加工贸易企业的技术进步。

另一个原因是跨国公司的产品内分工，就是跨国公司在内部进行的同一产品的异地分工，具体形式为不同生产环节在发达国家和发展中国家的重新配置。在发达国家已没有竞争力的生产环节，跨国公司将其转移到发展中国家。这类转移的趋势越来越快。所以，发展中国家的加工贸易企业，以前中间品或零部件依赖进口，现在可以直接从当地的外资企业采购。在加工贸易的聚集地，如广东的东莞和江苏的苏州等，这一现象越来越普遍。当地采购可降低成本，国际生产能力通过加工贸易渐渐向发展中国家转移，于是外资企业间的供应链逐渐形成。原来进口的中间品和零部件，现在由外资企业生产供应，东道国的本国技术含量也随之提升。

当然，对发展中国家技术提升更有意义的是第一种原因。但是，两种原因都得益于当地生产配套能力的提高，尤其是人力资本水平的提升。内资企业显而易见。对于大量外资企业而言，发展中国家可以承接技术含量较高的生产环节的转移，工人素质较大的提高是重要的因素。

从中国 1997 年、2002 年、2007 年和 2012 年的 Z、Z^h 和 HTC 值的变化中，我们也可看出，HTC 下降快，回升慢，2012 年仍然没有恢复到 1997 年水平。可作出这样的解释，中国加工贸易实现了技术升级，但外资企业是技术升级的主体，本国的技术含量提升幅度相比之下不明显。中国的本土企业要积极进行自主研发，实现本国技术含量的持续提升。

五、中国加工贸易技术升级的分析——基于产业比较的视角

本节用第二部分所述的方法和数据，得出中国分行业的技术复杂度指数，见表 3 – 26。

表 3 – 26 中国 1995 年、2000 年、2009 年和 2014 年的产业 TSP 值

	1995 年	2000 年	2009 年	2014 年
c1	8299. 512	10336. 09	21796. 19	30528. 83
c2	7703. 482	9086. 317	20448. 21	28643. 15
c3	10916. 07	13692	26741. 99	38261. 93
c4	6899. 058	7102. 187	16870. 93	24503. 98
c5	6686. 335	7834. 115	18706. 19	26528. 12
c6	8456. 763	9342. 754	21534. 95	29399. 45
c7	14684. 04	17225	32159. 03	42328. 16
c8	7842. 029	10102. 28	22906. 8	32435. 34
c9	12482. 8	15638. 84	30114. 99	40013. 36
c10	12817. 9	14100. 4	25257. 1	36415. 63
c11	9751. 584	11293. 85	24682. 56	33518. 41
c12	11643. 16	12814. 33	25263. 36	37401. 27
c13	15508. 05	16894. 47	28809. 75	39998. 03
c14	13424. 35	14538. 4	23108. 26	30576. 18
c15	15307. 13	15780. 7	25734. 77	32418. 09
c16	9822. 825	10807. 93	19094. 36	27632. 12
c17	9016. 698	9311. 362	26823. 53	35438. 16
c18	6799. 888	9101. 985	20312. 5	27642. 05
c20	11252. 47	12362. 02	25304. 59	37243. 12
c21	6700. 877	7351. 276	20956. 32	38111. 45
c22	7531. 517	10096. 76	22618. 78	35418. 12
c23	7597. 911	9041. 619	19701. 82	24130. 75
c24	13228. 41	15487. 97	33055. 18	43011. 25

	1995 年	2000 年	2009 年	2014 年
c25	13198.24	16275.74	32361.06	44000.05
c26	9004.889	10996.57	25389.4	38123.52
c27	12370	15949.41	30726.39	40538.48
c28	22914.55	31488.96	66203.38	89732.15
c29	6218.506	10081.64	19093.75	28892.24
c30	13704.71	16987.26	32523.55	48161.17
c31	14104.58	12295.46	28106.89	40511.28
c32	15482.83	17139.08	34949.16	42384.53
c33	10405.7	11603.27	27059.1	32742.16
c34	14692.66	13134.68	26366.05	39481.435

资料来源：根据中国投入产出表相关数据计算而得。

　　加工贸易主要涉及 c1—c15 产业，下面进行分析。从表 3－26 来看，所有产业出口品的技术含量都在提升，但提升的幅度不同。表现突出的是造纸印刷、化学原料及制品制造，2014 年的 TSP 分别位列第一、二名。这两个产业属于劳动和资金密集型产业。通用设备制造、电子和光学设备制造是近些年中国重点鼓励发展的产业，其中通用设备制造的发展较好，2014 年该产业的 TSP 仅次于造纸印刷、化学原料及制品制造，位列第三。电子和光学设备制造的技术含量提升表现一般，TSP 排名中间稍靠后，仅位列第九。从绝对数值看，造纸印刷、化学原料及制品制造的出口品技术含量最高，往下排依次是通用设备制造、采矿业和橡胶及制品制造业。除通用设备制造外，排在前五位都是属于劳动、资金密集型产业。而通用设备制造、电子和光学设备制造这些产业属于技术密集型产业，但中国的加工贸易企业大多从事加工组装环节，属于高科技产品生产的劳动密集型环节。中国出口产品的技术含量水平依然主要取决于发达国家的先进技术。中国虽然承接了跨国公司高科技产业的转移，但依然是劳动密集型环节，本国的技术含量升级并不明显。如果中国劳动力成本的持续上升，在该环节的比较优势上也就不复存在。

纺织业、皮革及制作属于加工贸易最早发展的传统产业，技术升级表现最差，2014 年的 TSP 分别位列倒数第一、二名。说明这些传统的劳动密集型产业在 20 年间，技术含量仍然不高，技术进步很小。

总之，通过分产业的出口品技术复杂度的分析，可看出技术提升表现最好的是造纸印刷、化学原料及制品制造，最差的是纺织业、皮革及制作，属于技术密集型产业的通用设备制造、电子和光学设备制造，前者表现良好，后者一般，所以中国加工贸易现阶段仍处于劳动、资金密集型阶段，加工贸易企业应大力进行自主研发，提升产品技术含量。

第四章　中国加工贸易转型发展
的技术升级制约因素

　　20 世纪 70 年代末，全球特别是亚太地区产业结构调整和转移的机遇被中国抓住，制定各种鼓励政策在广东、福建、上海率先发展加工贸易。之后，加工贸易在全国迅速发展起来，加工贸易出口在中国出口中的比重不断提高，直至超过一般贸易出口。多年的发展，加工贸易发生了明显变化：从生产环节来看，由简单的组装装配发展为具有相当技术和资本含量；从产品类型来看，由低附加值的劳动密集型发展到包括相当一部分高附加值的资本、技术密集型；从产业链来看，由成品组装向上游零部件产业和下游服务产业拓展；从地域来看，由珠三角到长三角再到环渤海地区，目前已向中、西部转移。

　　加工贸易的发展对中国经济有巨大贡献：提供了数量巨大的就业机会；换回大量的外汇，使中国有资金购买先进技术；引进大量的外资，产生显著的技术进步效应；强大的拉动效应，拉动了前后关联产业的发展。

　　然而，随着中国工业化程度的提高、产业结构的升级以及外贸顺差的不断扩大，加工贸易的弊端日益暴露。如：两头在外，严重影响原材料工业；隐蔽性强，加工贸易渠道频繁被走私利用；较多的优惠政策挤占了国内一般贸易企业的生存空间；加工贸易处于国际产业链的末端，附加值低；等等。甚至，有人认为从加工贸易企业获得的税收少而否认其贡献。

一、从初始条件分析：重商主义式的发展模式

（一）中国加工期贸易的发展背景

加工贸易自 20 世纪 80 年代以来迅速崛起是中国对外贸易发展的特点之一。改革开放之初，中国国民经济和对外贸易发展水平较低，借鉴新兴工业国家经济起飞的成功经验，利用中国过剩的生产能力，加工贸易得以兴起。但有资料显示，早在 1957 年，中国的加工贸易就已经出现。当时中国正处于经济发展最困难的一个时期，物资贫乏之极，为得到生产出口需要的原料，制定了"以进养出"的外贸方针，即先进口棉花、羊毛等纺织原材料，然后生产成品出口。这种形式事实上属于进料加工。那时的加工贸易规模很小，仅限于几个主要沿海口岸，由专业外贸公司经营。

中国改革开放的产物之一就是加工贸易的迅猛发展。自国务院 1978 年制定《开展对外加工装配业务试行办法》，加工贸易已走过了三十多年的历程，成长为中国居于主导地位的贸易方式。

改革开放之初，借鉴国外加工贸易发展的经验，中国决定将广东、福建、上海等作为加工贸易的试点省市。那时加工贸易在中国香港非常繁荣，世界各地的大量加工订单使厂商应接不暇，即使加班加点也无法完成生产任务。广东和福建等地与中国香港、中国澳门、中国台湾毗邻，且有大批的华侨，可以充分利用大陆劳动力丰富的优势，从港澳地区转接订单。1979 年 9 月国务院正式颁布了《开展对外加工装配和中小型补偿贸易办法》。政策优惠，措施灵活，再加上与港澳地区的天然地理优势和人缘优势，加工贸易在广东和福建发展迅速，成为中国加工贸易的先发之地。两省的加工贸易额在中国全部加工贸易中的比重一直超过半数。随后，随着改革开放的深入，全国其他地区也都借鉴闽、粤两地的经验，

纷纷出台各种优惠政策和措施，吸引外资到当地投资，极大地促进了加工贸易的发展。《关于鼓励外商投资的规定》于 1986 年 10 月制定、《关于抓住有利时机进一步发展来料加工装配等业务请示的通知》于 1987 年 9 月由国务院办公厅转发到经贸部，两个文件中提出了中国的对外经贸战略，即"大进大出，两头在外"，大力发挥中国在劳动密集型行业的比较优势。《对外商投资企业进出口货物监管和征免税办法》于 1992 年 7 月由海关总署颁发了，这三个政策文件明确规定了加工贸易政策。加工贸易的大发展时期到来了。

在短短的三十多年中，加工贸易飞速发展，在对外贸易中的比重已经超过了一般贸易，成为中国最主要的贸易方式，极大地拉动经济增长。从 1981 年到 2010 年，加工贸易出口额由 11.31 亿美元增加到 7403.34 亿美元，年均增长 24.1%（不考虑价格因素），远高于一般贸易出口 12.5% 的年均增长率（见图 4-1）。相应的，加工贸易出口占中国出口总额的比重也不断提高，1981 年，这一比重只有 5.14%，此后这一比重逐渐提高，于 1995 年首次超过一般贸易，成为出口比重最大的外贸方式，1999 年，加工贸易出口占中国出口总额的比重达到了顶点，为 56.88%，此后开始逐渐下降，2010 年下降到 46.92%。

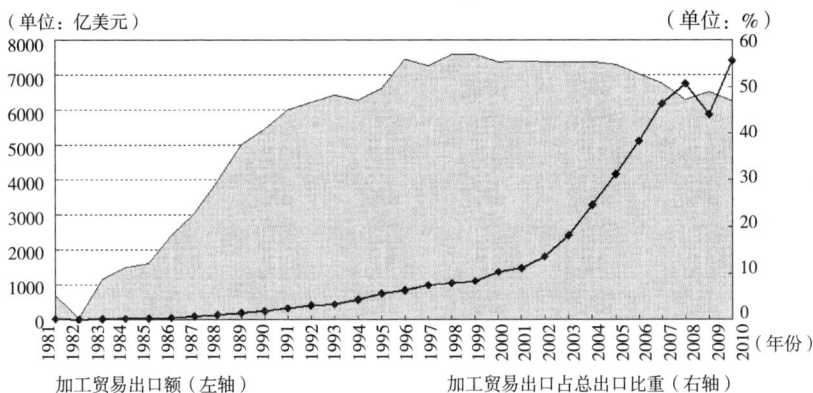

图 4-1　中国加工贸易出口额及占比（1981—2010 年）

资料来源：中国统计年鉴数据。

（二） 中国加工贸易发展的阶段

已有很多研究对中国加工贸易发展阶段进行了划分，依据不同，所划分的阶段也并不完全吻合。

1. 按照加工贸易出口在总出口中所占的比重划分

冯雷和王迎新（2001），将中国加工贸易的发展历程划分为开始期、发展期、调整期、平稳期四个阶段。第一阶段为1978—1985年，表现为加工出口的比重稳步增长，年增长率在2%左右。第二阶段是1986—1991年，加工贸易开始迅速发展，加工出口在总出口中的份额快速增加，从1986年的18.2%上升至1991年的45.1%。这一阶段加工贸易出口比重的增加速度明显快于第一阶段。第三阶段为1992—1994年，这几年加工贸易增幅不大，而且出现上下起伏，属于快速发展后的调整阶段。第四阶段则是自1995年至今，1995年加工贸易在总出口中的比重由上年的49%上升到55%，这是决定性突破，使加工贸易成为首要的贸易方式。此后进入了稳定时期。

2. 按照加工贸易中来料加工和进料加工两种方式的相对地位来划分

可以划分为三个阶段。在第一阶段为1978—1988年，以来料加工装配为主。第二阶段是1989—1991年，以进料加工为主。第三个阶段为1992年之后，以外国直接投资为主。邓小平南方谈话后，更加明确了中国改革开放大政方针，使欧美等大型跨国公司投资迅速增长，中国加工贸易发展的主要动力转变为外国直接投资。此阶段，技术进步、产业升级非常明显。

（三） 中国加工贸易的发展动因

20世纪80年代以来众多有利的国际和国内形势直接推动了中国加工贸易的迅速发展。

1. 全球产业结构调整的大好机遇

20 世纪 80 年代，新的一轮产业结构调整和产业转移在全球范围进行。加工工业曾经带动"亚洲四小龙"经济起飞，但本币升值和劳动力成本上升，导致劳动密集型产品的国际竞争力不复存在。这些国家和地区中只得寻找低成本的生产地将劳动密集型加工行业向国外转移。中国抓住这次国际产业结构调整和转移的大好机遇，利用劳动力比较优势，制定了优惠政策措施，承接劳动密集型的加工业向中国转移。

2. 中国劳动力无比丰富的比较优势

传统贸易理论，决定贸易的主要因素是各国要素禀赋的差异。假设其他条件相同，不同的要素禀赋，两国产品的相对价格差异产生，国际贸易出现。劳动力资源异常丰富是中国加工贸易发展初期的最大比较优势。中国生活着全球最多的人口，劳动力无比巨大的供给使得其价格低廉。因此，中国的劳动力优势得以充分利用，产品成本降低，竞争力大增。

3. 中国较为完善的基础设施和优惠政策

关于企业生产率和 FDI 的实证研究表明，基础设施条件的好坏对企业的生产效率和产品价格具有直接的影响，也是影响 FDI 投资区位选择的重要因素。在 20 世纪 80 年代，与周边的印度、越南等发展中国家相比，中国的基础设施具有显著的优势。特别是在东南沿海地区，较完善的交通、电力、通信、供水等基础条件，为承接加工贸易提供了优越的条件。此外，优惠政策也发挥了重要作用。加工贸易优惠政策多样，有进口免税、出口退税、用地成本低廉和对外资企业所得税减免等。这些措施有利于降低成本，提高竞争力。比较完善的基础设施和长期的加工贸易优惠政策增加了中国对于 FDI 的吸引力，吸引了大量外资来中国开展加工贸易。

4. 中国的人文地理优势

在地理位置上，中国、日本和"亚洲四小龙"是近邻，在源远流长的历史发展中，有着各种深厚的联系，并形成了许多类似的文化传统，这些地利和人和因素无疑使得彼此之间的贸易和投资成本更低。在承接日本、"亚洲四小龙"将劳动密集型产业向中国东部沿海地区转移的过程中，上述优势发挥了重要作用。20 世纪 90 年代后，中国开始承接欧美发达国家一些标准化的生产环节和加工工序的转移。中国更深地融入全球分工体系，加工贸易的发展也迈上了新台阶。

二、中国加工贸易发展的比较优势陷阱：低端要素依赖

（一）中国加工贸易的商品结构及其演变

改革开放之初，中国实际情况是劳动力数量巨大、劳动力素质相当较低，于是加工贸易起始于劳动密集型工业制成品。目前，劳动密集型产品仍然是加工贸易出口的主体，但与改革开放之初相比，产品品质已经发生了实质的变化。资本和技术密集型产品的占比提高很多，加工贸易出口产品已从以纺织、轻工制成品为主转变为以机电出口为主，从表4-1可以看出这一点。

2002 年，加工贸易出口排在前五位的依次是：第十六类的机电、音像设备及其零件、附件，第十一类的纺织原料及纺织制品，第二十类的杂项制品，第十八类的光学、医疗等仪器及钟表、乐器，第十二类的鞋帽伞等产品，其所占比重分别为：52.19%、11.23%、7.66%、3.95%和3.94%。2012 年，加工贸易出口排在前五位的则变为：第十六类的机电、音像设备及其零件、附件，第十一类的纺织原料及纺织制品，第十七类的车辆、航空器、船舶及运输设备，第二十类的杂项制品，第十八类的光学、医疗等仪器及钟表、乐器；其所占比重分别为：64.35%、5.64%、5.34%、5.10%和4.95%。

从增长速度看，第十七类的车辆、航空器、船舶及运输设备增长最

快，年均增长率达到了 33.35%。此外，第十八类、第十六类、第五类和第六类的加工贸易出口增速均高于中国加工贸易出口的平均增长速度，而第十一类、第十二类及第八类等纺织、鞋帽和皮革制品等产品的加工贸易出口增长速度相对较慢。

表 4-1　中国加工贸易出口商品结构演变（2002—2012）

商品类别	加工贸易出口（亿美元）		占加工贸易总出口比重（%）		年均增长速度（%）
	2002	2012	2002	2012	
第一类活动物；动物产品	12.63	32.47	0.70	0.48	17.05
第二类植物产品	2.34	6.09	0.13	0.09	17.24
第三类动、植物油、脂、蜡；精制食用油脂（千克）	0.54	1.39	0.03	0.02	17.18
第四类食品；饮料、酒及醋；烟草及制品	19.09	36.70	1.06	0.54	11.51
第五类矿产品	11.41	52.54	0.63	0.78	28.98
第六类化学工业及其相关工业的产品	29.76	120.27	1.65	1.78	26.21
第七类塑料及其制品；橡胶及其制品	66.80	245.82	3.71	3.64	24.25
第八类革、毛皮及制品；箱包；肠线制品	45.34	53.22	2.52	0.79	2.71
第九类木及制品；木炭；软木；编织品	8.07	17.16	0.45	0.25	13.40
第十类木浆等；废纸；纸、纸板及其制品（千克）	14.58	54.25	0.81	0.80	24.49
第十一类纺织原料及纺织制品	202.06	380.57	11.23	5.64	11.13

商品类别	加工贸易出口（亿美元）		占加工贸易总出口比重（%）		年均增长速度（%）
	2002	2012	2002	2012	
第十二类鞋帽伞等；羽毛品；人造花；人发品	70.95	118.64	3.94	1.76	8.95
第十三类矿物材料制品；陶瓷品；玻璃及制品	10.84	29.49	0.60	0.44	18.16
第十四类珠宝、贵金属及制品；仿首饰；硬币（千克）	22.41	50.97	1.25	0.75	14.67
第十五类贱金属及其制品	67.58	166.87	3.76	2.47	16.26
第十六类机电、音像设备及其零件、附件	938.64	4345.66	52.19	64.35	29.10
其中：第84章核反应堆、锅炉、机械器具及零件	396.61	1859.22	22.05	27.53	29.37
第85章电机、电气、音像设备及其零附件	542.02	2486.45	30.14	36.82	28.90
第十七类车辆、航空器、船舶及运输设备	64.17	360.87	3.57	5.34	33.35
第十八类光学、医疗等仪器；钟表；乐器	71.11	334.31	3.95	4.95	29.43
第二十类杂项制品	137.83	344.28	7.66	5.10	16.48
第二十一类艺术品、收藏品及古物	0.04	0.01	0.00	0.00	-22.37
第二十二类特殊交易品及未分类商品	2.35	1.24	0.13	0.02	-10.13
汇总	1799.28	6751.14	100	100	24.66

资料来源：根据中国经济网统计数据库公布数据计算而得。

（二）中国加工贸易的区域分布及其演变

中国东南沿海地区是加工贸易的先发之地，加工贸易很长时间高度集中于此。2008 年，中国中部和西部加工贸易出口在全国所占比重分别只有 1.88% 和 1%，而广东、江苏、上海和浙江四个地区加工贸易出口占全国 79%。近几年来，加工贸易呈现出向北移趋势。2002 年，广东加工贸易出口占全国加工贸易出口的 51.98%，到了 2008 年，这一比重下降到 39.26%。与之相比，2002 年排在第二至第四位的江苏、上海和山东加工贸易出口占全国加工贸易出口比重则都有所提升，比重分别从 2002 年的 12.14%、9.47% 和 5.64% 提高到 2012 年的 21.55%、13.51% 和 6.36%。虽然近年来东南沿海地区劳动力成本提高以及国家的政策鼓励等因素的影响，加工贸易也有向中西部转移的倾向，但步伐相对较慢，2012 年中部加工贸易出口在全国所占比重只比 2002 年提高了 0.5 个百分点，而西部加工贸易出口在全国所占比重则略有下降。当然，从总值上看，中西部加工贸易都有快速增长，中部加工贸易出口由 2002 年 24.9 亿美元增加到 2012 年的 127.51 亿美元，西部加工贸易出口则由 2002 年的 24.43 亿美元增加到 2012 年的 67.47 亿美元（见表 4-2）。

表 4-2　中国各地区加工贸易出口情况（2002—2012 年）

地区	加工贸易出口额（亿美元）		占全国加工贸易出口比重（%）		年均增长（%）	比重变化（%）
	2002 年	2012 年	2002 年	2012		
东部地区						
北京	34.43	133.03	1.91	1.97	125.27	0.06
天津	77.84	219.62	4.33	3.25	118.87	-1.08
河北	7.01	35.15	0.39	0.52	130.83	0.13
辽宁	68.43	180.06	3.80	2.67	117.50	-1.13
上海	170.26	912.27	9.47	13.51	132.28	4.04
江苏	218.36	1455.41	12.14	21.55	137.18	9.41
浙江	52.78	313.79	2.93	4.65	134.59	1.72

地区	加工贸易出口额 （亿美元）		占全国加工贸易 出口比重（%）		年均 增长 （%）	比重 变化 （%）
	2002 年	2012 年	2002 年	2012		
东部地区						
福建	82.93	222.45	4.61	3.29	117.87	-1.32
山东	101.44	429.65	5.64	6.36	127.20	0.72
广东	934.8	2651.44	51.98	39.26	118.98	-12.72
海南	0.92	4.95	0.05	0.07	132.37	0.02
东部地区	1749.2	6557.82	97.25	97.10	124.64	-0.15
中部地区						
山西	0.64	18.25	0.04	0.27	174.79	0.23
吉林	3.2	6.9	0.18	0.10	113.66	-0.08
黑龙江	2.06	5.67	0.11	0.08	118.38	-0.03
安徽	4.13	25.8	0.23	0.38	135.71	0.15
江西	1.81	23.48	0.10	0.35	153.29	0.25
河南	6.31	15.34	0.35	0.23	115.96	-0.12
湖北	5.07	23.28	0.28	0.34	128.92	0.06
湖南	1.68	8.79	0.09	0.13	131.76	0.04
中部加总	24.9	127.51	1.38	1.88	131.29	0.50
西部地区						
陕西	1.87	10.29	0.10	0.15	132.87	0.05
甘肃	1.94	2.36	0.11	0.04	103.32	-0.07
青海	0.36	0.01	0.02	0.00	55.03	-0.02
宁夏	0.98	0.29	0.05	0.00	81.63	-0.05
新疆	1.49	3.63	0.08	0.05	116.00	-0.03
内蒙古	1.38	3.5	0.08	0.05	116.78	-0.03

续表

地区	加工贸易出口额（亿美元）		占全国加工贸易出口比重（％）		年均增长（％）	比重变化（％）
	2002 年	2012 年	2002 年	2012		
西部地区						
西藏	0	0	0.00	0.00		
广西	2.53	7.19	0.14	0.11	119.01	－ 0.03
云南	1.38	3.31	0.08	0.05	115.70	－ 0.03
贵州	1.47	1.77	0.08	0.03	103.14	－ 0.05
四川	10.31	29.02	0.57	0.43	118.82	－ 0.14
重庆	0.72	6.1	0.04	0.09	142.78	0.05
西部加总	24.43	67.47	1.35	1.00	118.45	－ 0.35

资料来源：根据中国经济网统计数据库公布数据计算而得。

（三）中国加工贸易增值率的变化

加工贸易增值率是这样的一个经济指标，用来衡量加工贸易发展水平及其对产业拉动作用。它等于加工贸易出口值和进口值的差除以加工贸易进口值，值越高，说明加工贸易对本地区产业拉动作用越大，反之成立。

由图 4－2 可以看出，从总体上看，中国加工贸易增值率在不断提高。在 1988 年以前，中国加工贸易增值率为负，这是由于加工贸易设备进口所占比重较大所致。此后，中国加工贸易增值率就呈现出波动性上升。2009 年，中国加工贸易增值率最高，为 82.1％，2012 年略有下降，为 77.36％。这说明，三十多年来，加工贸易对中国产业拉动作用是越来越强。

（单位：%）

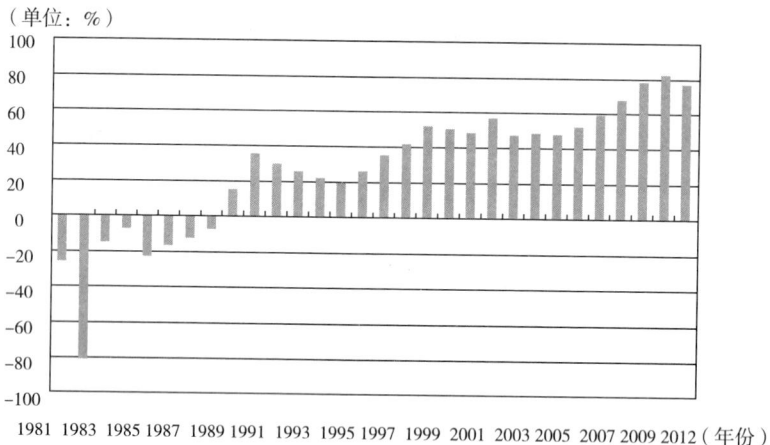

图4-2　中国加工贸易增值率（1981—2010年）

三、中国加工贸易转型的外生变量变化

经过三十多年的发展，中国的加工贸易获得了巨大的发展，对促进中国国民经济和对外贸易作出重大贡献。通过加工贸易这个渠道，中国经济在改革开放后得以迅速加入世界经济中，并融入国际分工体系。但是，随着中国经济的发展以及国际经济环境的变化，加工贸易存在的一些弊端问题逐渐暴露，阻碍了加工贸易的进一步发展。国际的不利因素，如世界范围内贸易保护主义再次兴起、后起发展中国家对中国劳动力低成本优势的挑战等。国内的不利因素，位于产业链的低端，部分加工贸易能耗高、污染高，使得生态环境遭到严重破坏，影响了中国经济的长期可持续发展。

（一）劳动力比较优势遭遇挑战

1. 中国劳动力成本优势

中国是世界人口最多的国家，劳动力供给数量巨大，从而价格低廉，在劳动密集型产品的市场上具有不可替代的比较优势。新中国成立以来，由于义务教育、医疗等公共服务的推广和普及，国民的身体素质和知识水平有了很大的提高。工业化发展战略，尤其是重点发展重化工业的经济发展战略，使得比较完备的工业体系在短期内得以构建。虽然违背了比较优势的原则，引发了产业发展失衡、轻重工业比例失调等问题，但是不可否认的是，工业化发展战略所建立的工业体系为中国经济奠定了比较雄厚的工业基础，同时也培养了大量的产业工人。

在一些主要国家中，中国劳动力成本仍然处于低位。国家发展改革委做过一项研究，比较了20个国家的制造业工人工资。这20个国家是中国、美国、日本、德国、法国、意大利、英国、加拿大、俄罗斯、挪威、罗马尼亚、印度、韩国、马来西亚、澳大利亚、巴西、新加坡、墨西哥、埃及、巴基斯坦。在所选国家中仅印度、巴基斯坦和埃及低于中国。与发达国家比，约是英国的1/27，德国的1/24，加拿大的1/23，日本的1/22，美国的1/21。与新兴国家比，约是韩国的1/13，新加坡的1/12。与发展中国家比，约是马来西亚的1/4，巴西的1/3，墨西哥的1/3。

劳动力优势是中国加工贸易发展的最重要因素之一。20世纪70年代末期，世界经济处于结构调整状态。"亚洲四小龙"等新兴工业国家和地区由于经济快速增长，工资水平不断上升，一些传统的劳动密集型产业的优势已经不复存在，面临着严峻的国际竞争压力，各国不得不进行产业结构调整。中国抓住此机遇，承接了劳动密集型部门的加工贸易的产业转移，劳动力优势得以发挥。随着中国技术水平的提高，中国加工贸易由纺织服装、玩具等传统行业发展为机电产品等工业制成品。但是中国企业在国际分工中仍然集中在产品价值链的劳动密集型环节。

2. 劳动力比较优势面临的挑战

21世纪以来，中国劳动力的比较优势一直在减弱。原因主要从国内和国外两方面进行分析。

（1）国内因素。新中国成立后，中国推行的是低工资水平政策，一直到改革开放初期延续了几十年。低工资水平使得中国劳动力呈现巨大的成本优势。但是，此后经济持续的快速增长和收入水平的不断提高，这些因素导致劳动力的成本优势呈现持续减弱的趋势。且劳动力工资水平和资本存量的同向上升，极大地削弱了中国的劳动力比较优势。

放眼全球，任何国家和地区制造业的工资水平都在提高。而中国的工资增长趋势更显著，自21世纪以来，有多个年份年均增长幅度均超过10%。相比较，美国约是2%—3%，而韩国约为7%。据统计，自20世纪末期，相比较其他发展中国家，如马来西亚、泰国、越南、老挝、缅甸和菲律宾等，中国的工资增长幅度大得多。显然，中国持续上升的劳动力成本在不断削弱劳动力成本优势。

经济快速发展的背景下，工资水平持续提高是理所应当的。然而，中国的劳动生产率较低，使得劳动力的相对价格显得较高。就制造业的劳动生产率来说，中国与世界发达国家和地区，如美国、欧盟和日本等相比，差距巨大，大约只是这些国家的6%左右。与新兴国家如新加坡、韩国相比，不到15%。即使与发展中国家如巴西、墨西哥、马来西亚相比较，也不到35%。仅略高于印度、巴基斯坦。劳动生产率较低说明劳动力价格相对较高。近些年来，中国持续上升的工资水平使得与外国的劳动力成本差距缩小，劳动力成本甚至已经赶超了部分发展中国家，而这些国家的工资水平原来比中国高。例如墨西哥，该国制造业的劳动生产率约为中国的5倍，而劳动力成本仅为3倍，墨西哥的劳动力成本已低于中国。

上述因素只是加工贸易的劳动力成本优势下降的原因之一。加工贸易产业的先发之地——珠三角、长三角，这些地区大量低技术的劳动密集型的加工贸易企业提供了许多工作岗位给农村劳动力，促进了当地制造业的快速发展。二元经济是中国的经济特征之一，农村富余劳动力数量极大，似乎劳动力的供给是无限的。然而，自2005年起，中国主要的加工贸易聚集区——珠三角和长三角持续出现了大面积的民工荒。意味着非熟练劳动力的供给短缺已经出现了。要缓解劳动力供给不足的压力，增加工资是不得不采用的措施之一。因此，必然加大加工贸易企业的成本。多年来，加工贸易的成本优势在很大程度上取决于廉价的劳动力价格。劳动力工资成本的持续增加会导致这一优势不复存在。

此外，劳动和资本的相对价格被中国多年的高投资影响，产生了实质性的变化。在改革初期，中国异常缺乏资本。此后在经济的快速发展过程中，持续的高投资背景下，提升的是劳动力的相对价格，降低的是资本的相对价格。两因素共同作用，劳动力的比较优势更被减弱。

中国资本情况发生变化，加工贸易部门的劳动力和资本相对价格也随之发生变化。资本情况的变化有两种形式：总量增加和存量调整。国内本身积累的资本、国外大量涌入的资金和中国一直以来传统的高储蓄率增加了资本总量，经济多年的持续高速增长，促进了资本的积累，其稀缺程度明显下降；经济结构的调整改变了资本的配置，自新中国成立以来，资本密集型的重化工业部门吸收了过多的稀缺资本，改革开放后，对原来不合理的资本配置进行了改革，资本被具有比较优势的劳动密集型部门吸纳，生产效率提高了，资本短缺的压力终于缓解了。

（2）国外因素。很多发展中国家也拥有劳动力成本、土地等天然资源低廉的优势，它们纷纷进入加工贸易的劳动密集型产业，与中国展开竞争。这些国家，如墨西哥、东欧和东南亚的发展中国家与中国发展水平接近，而缅甸、越南、文莱等国的劳动力成本甚至更低。近年来，改善基础设施，优化投资环境，积极招商引资，提高劳动力素质等，很多发展中国家主动采取各种各样的政策措施提升竞争力，比较优势越来越明显。中国部分加工贸易企业以价格低为优势，不得不直面激烈的竞争。在这些国家中，有的具备独特的人文地理优势，加剧了中国的竞争难度。比如，东欧的一些国家，在地理位置和文化历史传统上欧盟有天然的、不可复制的优势，其产品在欧盟市场的成本更低，接纳度更高，还有美洲的墨西哥，北美自由贸易区中基本是发达经济体，墨西哥是独一无二的发展中国家,它的产品在北美市场不存在关税和非关税壁垒等贸易障碍,竞争优势显而易见。所以,在中国最大的两个出口市场,处于产业链低端的加工贸易竞争压力巨大。因此,加工贸易的长期持续稳定发展,不可能寄希望于劳动力成本低廉的比较优势。

科学技术和知识经济的发展,劳动力、土地、矿藏资源等与知识、人才、信息网络等高级要素相比,后者在经济发展中起到关键作用。中国自然资源逐年减少,汹涌而来的人口老龄化趋势和工资水平的提高等因素,使中国现有的比较优势难以长期维持。因此,从长计议,中国必须加快寻找加工贸易发展新路径的步伐。

(二) 新贸易保护主义导致的贸易环境恶化

在国际贸易的发展过程中,贸易自由化与贸易保护主义始终是如影随形的。近半个世纪以来,在关贸总协定(GATT)和世界贸易组织(WTO)的推动下,世界各国的关税税率不断削减,世界经济的贸易自由化进程取得了前所未有的进步。虽然在贸易自由化过程中,贸易保护主义的力量有所削弱,但却一直存在。进入20世纪80年代以来,由于世界经济增长减缓,国际竞争日益加剧,贸易保护主义逐渐复苏。与以往情况不同,这次兴起的贸易保护主义的理论依据、政策手段和目标对象都显著地区别于传统的贸易保护主义,因而被称为"新贸易保护主义"。

1. 新贸易保护主义产生的背景

(1) 国际竞争加剧。20世纪后期,随着经济全球化程度的不断深化,国际竞争日趋激烈。

第一,国家间的竞争加剧,传统劳动密集型产品是发展中国家间的竞争领域,而从农产品到高新技术产品,甚至技术标准等是发达国家之间的竞争领域,就与本国就业和政治密切相关的劳动密集型部门,发达国家与发展中国家摩擦不断。

第二，相同部门内的企业竞争也加剧，尽管经济全球化使企业能够有机会充分利用世界范围的生产资源，拥有面向全球的广阔市场，为企业的发展提供了美好的前景，但是，企业却不得不面对来自世界各地的同类企业的残酷竞争。随着科学技术的发展，规模经济和技术创新在企业竞争中的地位越来越重要。因为规模经济的存在，有限的市场不可能容纳众多企业。率先实现规模化生产的企业可以降低成本，提高竞争力，后进者的市场空间将被逐渐压缩，直至退出，最终形成寡头竞争甚至是完全垄断的格局；信息化革命以来，产品的生命周期越来越短。企业必须不停开发新产品，技术创新已成为企业最重要的课题。

（2）全球产业发展不平衡。体现为两方面，发达国家之间产业发展的不平衡和发达国家和发展中国家之间产业发展的不平衡。

第一，发达国家之间产业发展的不平衡，不同国家优势产业不同，在国际多边贸易谈判中，各国都希望对本国的新兴产业和劣势产业实行保护，对优势产业实行贸易自由化，于是很难达成共识。

第二，发达国家和发展中国家之间产业发展的不平衡，资本和技术密集型产业是发达国家的优势，劳动和资源密集型产品是发展中国家的优势。在国际贸易中，发达国家希望发展中国家开放资本及技术密集型产业的贸易，但出于自身经济发展的考虑，发展中国家则要对这些产业进行保护，同理，发展中国家希望发达国家开放本国的劳动和资源密集型产品市场，而出于保护本国就业和政治原因的考虑，发达国家往往对这些传统部门，特别是劳动密集型部门加以保护。因而，在国际多边贸易谈判中，因为差异太巨大，几乎不可能达成共识。

（3）全球贸易不平衡。所谓全球贸易不平衡是指各国之间进出口差额分布的巨大差异。其最重要的表象是美国和一些发达国家的大幅度经常账户的赤字，而另一些国家，比如中国和东亚国家持有大量经常项目顺差，从而导致世界贸易不平衡。跨国公司的全球战略和加工贸易方式是全球贸易不平衡的主要原因。国际贸易的流向和方式随着跨国公司及其国外经营的发展，发生了根本变化。跨国公司内部贸易在国际贸易中的份额不断提高，这在一定程度上改变了国际贸易差额的分布。跨国公司通过内部分工和核算体系获得了很稳定丰厚的收益，但账面上贸易差额和贸易摩擦却要各国政府接手处理。亚洲地区承接了跨国公司最多的产业转移，从账面上看对美国、欧盟多年维持了数额较大的贸易顺差，而这些跨国公司在亚洲地区的出口却是美国、欧盟的贸易逆差的大头。但出口国而非大跨国公司却成为发达国家处理贸易逆差政策的对象。发达经济体打着处理贸易摩擦的旗号，推行新贸易保护主义。

2. 新贸易保护主义的主要形式

传统贸易保护主义的主要形式是设置高关税壁垒以保护国内产业。在 WTO 规则的约束下，关税已经不可能成为合法的保护手段，因此，新贸易保护主义转而寻求规则框架内允许的新的保护措施，即反倾销、技术标准、劳工标准、环境壁垒等。

（1）反倾销。在新贸易保护主义的系列手段中，反倾销、反补贴和进口保障措施虽然不新，但是重要，且普遍性最强。它得到世贸组织规章许可，受到国内公众的支持。尽管从原则上要受到世贸组织的有关规定的规范，但实际执行中，西方国家常常为所欲为。因此，反倾销成为保护国内企业，歧视外国产品的工具。现在，美国和欧盟在这方面就很活跃。尽管反倾销仍然是重要的贸易保护措施，但就全球贸易而言，自 2000 年以来，反倾销调查案件的数量迅速下降，此手段呈逐步减弱趋势。

（2）环境壁垒。环境壁垒也称绿色壁垒，是目前新贸易保护主义的一种重要手段。工业化进程中，人类赖以生存的环境遭到严重破坏，爆发了大气污染、温室效应、资源枯竭、有毒物排放、物种灭绝等生态环境问题，引起了全球的普遍关注。因此，WTO 和 GATT 的有关协定中规定，各成员有权制定本国的卫生、安全、环境等方面的标准，限制与标准不符的产品进口。凭借其经济和技术上的优势，一些发达国家制定了一系列极为严格的环保措施和环境标准，作为准入条件，对本国的市场加以保护。当然，环境壁垒对于保护全球生态环境确实发挥了积极作用。环境壁垒主要有六种形式：绿色关税和市场准入、绿色技术标准、绿色环境标志、绿色包装制度、绿色卫生检疫制度及绿色补贴。

（3）技术标准壁垒。技术壁垒是一种贸易障碍形式，主要是各个发达国家针对进口商品的质量以及检验所制定的各种强制性和非强制性的标准。即研究制定产品技术标准、认证制度、检验制度，通过法律、法规、条例、规定等形式，对进口商品使用严格的技术标准、商品内外包装、标签标准和卫生检疫标准等，尽力提高产品技术要求，不断加大进口难度，从而达到限制、减少进口之目的。技术壁垒较隐蔽，不易预测和控制，是当前发达国家最常采用的贸易保护方式之一。技术壁垒的主要形式包括制定苛刻严格的技术指标体系、执行严格的产品认证制度和实行繁杂的检验程序等，下面分别说明。

第一，制定苛刻严格的技术指标体系。例如，全球生态环境日益恶化，众多国家和地区不断制定和修订有关技术标准及法规，由于各国环境技术指标的依据和指标体系水平、检测和评定方法、方式等不同，特别是生态环境较好的发达国家或地区的相关技术标准将对进口商品形成壁垒，达到阻碍发展中国家出口的目的。

第二，执行严格的产品认证制度。产品认证是根据有关的产品质量指标体系，政府相关部门颁发的等同于质量证书的证明，如针对电子、机械类产品，发达国家的认证项目有美国的 UL、加拿大的 CSA、欧盟的 CE 等，电子、机械产品要出口到欧美等地，必须有这些认证标志。而且，目前中国出口企业做相关产品检测一定要到美国、欧盟等指定实验室，才能得到认可。

第三，实行繁杂的检验程序。一是发达国家颁布操作复杂的技术调查、取证、仲裁、裁定等程序并要求出口商必须执行，耗时费力，巨大的出口难度使出口国望而却步；二是诸多发达国家不承认出口国的检验方法、程序；三是将检验程序往纵深延续，如延续到生产领域，很多国家对进口动植物产品要求有一定的隔离养殖、种植期，对木材包装要求进行特殊的熏蒸消毒处理等。

（4）劳工标准。发展中国家劳动力成本较低，发达国家认为其产品受此影响，在世界贸易竞争中因为成本价格因素缺乏竞争力，是"劳动力倾销"。1997年，在欧美发达国家的跨国公司和其他国际组织的合作下，社会责任国际制定了SA8000社会责任国际标准，在双边和多边贸易体系中纳入劳工标准。通过劳工标准来限制进口成了发达国家进行贸易保护的新方法。

3. 新贸易保护主义对中国的影响

新贸易保护主义的兴起，使得中国企业拓展国际市场的难度大增，一定程度上导致中国外贸环境的恶化。

（1）案件数量持续增高。据商务部统计，WTO成员国针对中国发起的反倾销案件占全球总案件的比例由20世纪80年代的3.6%发展到目前的20%左右。20世纪80年代，案件数年均6.5起左右，至90年代增至年均30.5起，2009年高达59起，2012年仅前三季度就已高达55起。至今，中国连续18年遭遇了全球最多的反倾销调查，接连7年遭受全球最多反补贴调查。

（2）涉案金额庞大。20世纪80年代，发达经济体对中国反倾销案件中，没有超过1亿美元的，超过1000万美元的也不到10件。而2003年至2012年9月，中国共遭受发达国家贸易救济调查案件758起，涉案金额高达684亿美元。仅2012年前三季度，就有55起，涉案金额243亿美元。

（3）不同的国家采用不同的方式。技术壁垒是美国、欧盟等发达国家和地区的惯用手段。而反倾销等传统手段则被发展中国家采用，如印度、巴基斯坦、阿根廷、巴西、巴拉圭、乌拉圭等。

（4）贸易壁垒日益增高。如中国出口产品的反倾销税率多年呈直线上升趋势，由原来的平均20%左右增加到50%左右，有的甚至达到商品本身价格的几倍、几十倍。如2010年，美国对进口中国的钢网架征收的反倾销税率高达本身价格的 4 倍多，对礼品包装盒以及包装丝带征收的反倾销税率高达本身价格的 2 倍多。欧盟对中国的节能灯征收的反倾销税高达本身价格的 2 倍，面对高额、离谱的反倾销关税，中国放弃出口，企业损失巨大，严重侵害了中国的国际贸易利益。

因此，新贸易保护主义是中国加工贸易的长期、稳定发展的绊脚石，明显增大了经济运行的外部风险。在外部环境日益不利的情形下，加工贸易企业须主动进行结构调整，尽力寻求转型升级的有效途径。

（三）加工贸易分工层次低

1. 国际贸易产品结构变化

20 世纪 80 年代以来，国际贸易商品结构变化的主要特征是，服务贸易占世界贸易的比重有所提高，货物贸易中工业产成品的比重不断提高，工业产成品中钢铁、纺织、服装所占比重有所下降，化工、机械和运输设备比重有所提高。

（1）服务贸易比重上升。自 20 世纪 80 年代开始提高，90 年代以来在国际贸易中的比重基本保持稳定：1980 年服务贸易出口占全球出口总额的 15.8%，到 1992 年超过 20%，此后保持在 20% 左右。相应地，货物贸易的份额则有所下降。

（2）产品结构发生了变化。产成品的增长比初级产品快得多。1980 年以来，农产品出口在货物贸易中的比重逐渐减少，燃料和矿产品则下降较快，产成品在世界货物贸易出口中的比重有较大的提高。20 世纪 80 年初，农产品、矿产品及工业产成品的比重大致是 15∶29∶56，21 世纪初变为 9∶15∶76。

（3）工业产成品结构发生了变化。工业产成品的总比重虽不断提高，但提高最快的是机械产品、化工产品和电子产品，而服装、纺织、钢铁及有色金属等所占的比重则呈下降趋势。高科技产品突飞猛进，全球贸易中其比重不断提高。

2. 中国加工贸易的产品结构特点

改革开放的三十多年间，中国加工贸易发展极快，总体规模庞大，产业层次也逐步提升。20 世纪 90 年代之前，中国的加工贸易主要是承接中国台湾、中国香港、韩国等地转移到沿海地区的传统劳动密集型产业，服装、纺织、玩具和鞋类是主要产品。20 世纪 90 年代之后，中国大量吸收欧美发达国家大型跨国公司的直接投资，加工贸易企业开始涉足机械、电子、通信、办公设备等资本密集型行业和高新技术产业，产业层次有了明显的提升。中国机电产品和高新技术产品出口的主要方式是加工贸易，最突出的是高新技术产业，加工贸易完成约 90% 的出口。但是从全球生产网络的分工层次来看，中国的加工贸易仍然处于低端。

（1）加工贸易的产业层次较低。虽然产业层次日益提高，但传统的劳动密集型行业仍然占据绝对比重，纺织、服装、玩具和鞋类仍然是加工贸易出口的主导产品。增长较快的机电产品，也大多是劳动密集型的初级产品和技术含量不高的传统产品。而加工贸易中高新技术产业所占的比重依然不大，不能根本改变中国加工贸易整体处于传统产业的局面。

（2）加工贸易大多处于全球产品价值链的低端。高新技术产业部门由于缺乏人才、设备等技术条件，无法进入高技术、高附加值的核心零部件的生产和关键生产环节，只能参与其中的技术水平要求较低的劳动密集型环节。而且即使在服装等传统部门，设计、品牌运营、营销、面料生产等增值率和附加值高的环节几乎都由在发达经济体的跨国公司掌握，中国的只从事附加值最低的服装加工。中国的加工贸易企业处于价值链的低端。如 20 世纪 90 年代末迅速发展起来的计算机行业，高技术高附加值的 CPU 在美国生产，内存由日本、韩国、印度等国生产，中国则进行技术含量低的零部件的生产和组装工作。

3. 中国加工贸易产品结构低度化的成因

中国加工贸易产品结构低度化是按照比较优势参与国际分工的必然结果。

（1）中国当前的比较优势决定了加工贸易以劳动密集型生产环节为主。就比较优势来说，中国拥有数量巨大而廉价的劳动力，欧美等发达经济体拥有充足资本和先进技术。因此，中国在国际贸易中将出口劳动含量较多的产品，进口包含资本、技术含量高的产品。从产业间分工理论来说，中国加工贸易部门集中于劳动密集型产业，位于价值链低端。

（2）目前加工贸易方式反作用又强化了现有的分工结构。现代贸易理论将规模经济、学习效应引入了贸易模型，证明了贸易方式一旦形成，就会自我强化。而加工贸易方式则比一般贸易方式的自我强化作用更加明显。一种产品的生产过程中包含众多的生产环节，其中有些环节是劳动密集型的，有些则属于资本或技术密集型的。在一般贸易方式下，劳动密集型环节、资本和技术密集型环节都是在本国完成。因此，即使本国不增加研发投资，这些环节的技术水平也将在规模经济和学习效应的作用下有所提高。而加工贸易方式使得发展中国家希望通过自由贸易进而实现技术进步的可能性变得很渺茫。加工贸易在产品的不同生产环节间进行分工，发展中国家大多只从事低技术的劳动密集型环节的生产，而发达国家进行资本和技术密集型的环节的生产。在加工贸易这一国际贸易中，发展中国家沦为全球化的低技术环节生产车间。

生产要素向加工贸易行业的生产环节集中，虽然使得加工贸易迅速扩张，但是同时也带来了不利影响。一是价值链低端产品的产量快速增长，直接导致了国际市场价格的降低，贸易摩擦不断，贸易条件日益恶化；二是由于加工贸易部门吸引了大量的资源，因而其他部门的投入减少，影响了其他部门的发展。特别是科技人才和管理人才向加工贸易部门的流动，对于其他部门的技术创新能力的负面影响极大，阻碍了中国产业结构的升级。

（四）政策环境的制约

为了鼓励加工贸易企业采购国货，以提高产业配套能力，往纵深延长其在国内的产业链条。政府有关部门研究制定了一系列政策措施，如深加工结转、出口减税、退税等。但这些政策措施在执行中效果并不明显，与加工贸易发展不相适应。实际上，没有提高加工贸易采购使用国内原材料及零部件的积极性，甚至对高新技术产业加工贸易的发展不利。

1. 退税政策对国内采购的副作用

对加工贸易企业执行的退税政策的操作流程一般是：在国内采购原材料和零部件，取得相关增值税发票，用这些原材料和零部件生产产品，在产品出口时将原来购买原材料和零部件时已交的增值税等退还给加工贸易企业。依据此政策，进料加工贸易企业直接向国内企业采购原材料可以申请退税，因为其在完成生产、产品出口环节取得销售收入；而来料加工贸易企业的收入只是加工费，没有产品的销售收入，无法取得退税。对国内直接采购的原材料和零部件不实行退税，来料加工企业于是失去了国内采购的主动积极性。与进料加工企业相比，来料加工企业的国内采购率明显偏低。而且，现实中虽然对国内采购的原材料和零部件有相关退税政策，但退税的操作程序复杂，操作成本高。

2. 出口税收政策对深加工的副作用

"免、抵、退"的税收优惠政策也适用于加工贸易企业深加工业务。但是加工贸易企业认为该项优惠的政策可操作性差，时效性低。主要问题包括：①占压企业流动资金。据相关政策，中国出口退税按预定额度在各地区之间进行分配，那些出口量大、退税金额多的地区额度不足是常见问题，于是不能及时满足出口退税要求，企业资金被占压，负担很大。②加大来料加工企业税负。这类企业在产品出口时不办理退税，如果在生产过程中有转厂环节，相关税负最终由下游的来料加工企业承担，增加了成本，提高了价格，出口竞争力自然被削弱。③海关等税务部门工作量大，管理成本增加，出口退税操作压力大。中国加工贸易企业数量多，整体规模巨大，实行"免、抵、退"政策后，海关等相关税务部门的工作量大为增加。

3. 深加工结转的管理不完善

深加工结转是增大加工贸易企业国内采购率，促进经济增长的重要方式之一。但是，深加工结转政策中存在一些问题：①手册管理制度。这是现行的管理方式，适合于采购渠道单一、产品简单的情况。手册管理制度对采购渠道多种多样、生产所需零部件复杂的企业则缺乏灵活性。②海关相关规定。如在深加工结转过程中，有的海关要求转厂的产品必须由指定的保税监管车运送，既加大了运输成本，又拖延了转厂的时间，甚至可能影响产品的质量。像精密仪器，最佳的运输方式是空运或火车运输，如果通过公路用汽车运输，长途颠簸可能降低产品质量。

4. 价值链延伸的政策障碍

按规定，已离境的出口货物方可申请退税。那么，保税区仓库、出口监管仓库交货方式完成的出口就不能申请出口退税，这阻碍中国加工贸易向仓储运输服务业延伸。跟国外相比，中国仓租费便宜得多，众多国外进口商希望出口货物被运送到保税区仓库、出口监管仓库，然后自行根据运输情况和海外市场变化灵活安排运输，如找机会进行拼柜运输。这种交货方式在国际上也很流行，是买卖双方双赢的方式，如果申请出口退税的企业必须将货物运离关境的政策不变，则不可能充分发挥中国保税区的仓储功能。

（五）加工贸易的环境问题

长时间以来，中国出口贸易采取外延式、粗放型的发展方式。粗放型的外贸增长消耗大量原材料，耗费巨额能源，破坏生态环境。虽然中国地大物博，但由于生活着世界最多的人口，再丰富的资源只要计算到人均占有量，都显得极微小。无论人均国土面积、人均耕地面积、人均水资源还是人均种矿产资源等在世界的排位均是倒数。从资源禀赋来看，任何国家的任何资源利用都有限度，即便是可再生资源，也有生态环境的动态平衡保护问题。粗放型的增长方式确实在短期内使外贸出口绝对额很快增加，但这种方式，能源利用率十分低下，投入产出比例相当低，效益不高。所以粗放型的增长，实际上是一种浪费，带来了严重的环境污染问题。

就中国加工贸易进口而言，大量的生产投入品，如羊毛、合成纤维、铁矿砂、化工原料、原油等产品都是高消耗的。更严重的是，许多发达国家的跨国公司为逃避本国严格的环保法规，将其国内禁止或需支付高昂环境成本的污染严重的行业转移到中国境内，无疑将阻碍中国经济社会的发展进步。这种情况大量出现在"三来一补"中。例如，发达经济体将农药、化肥、橡胶、医药、石棉、洗涤用品、化工原料和印染等重度污染的产业，借中国鼓励吸引外资的政策转移到中国。更可怕的是，个别不法分子为牟取暴利，非法从国外进口大量生活和生产的"洋垃圾"，严重破坏了生态环境。

劳动、资源密集型产品是加工贸易出口的主体，贸易规模日益庞大，但其中有些产品的出口，只考虑短期利益和企业局部利益，而忽视了国家的长远、整体利益。如成品油、钢材、铝材、纸制品等的出口，大部分是通过加工贸易进行的。然而，这些产品投入高、消耗高、效益低。经常以自然资源的掠夺性开发或破坏为代价，会使中国资源消耗得不到补偿，从而使环境问题更突出。而且，就生产环节而言，这些资源密集型的初级制成品，能耗相当大，耗费的天然资源比发达国家高很多，加剧了中国资源稀缺难题。

部分加工贸易企业甚至直接从事高污染产品生产，出口的大量中间产品和工业制成品在其生产环节严重污染环境。这将引发了严重的生态环境问题，不但影响到经济的长期持续发展，甚至会严重威胁人们的身体健康。

为保护中国日益脆弱的生态环境，维持经济的可持续发展，加工贸易必须加快转型升级的步伐。

第五章　基于技术升级的加工贸易转型发展：
国际经验比较与借鉴

本章将主要对韩国、新加坡和中国台湾这三个国家和地区的发展历程和经验展开探讨，以进一步对加工贸易的发展规律进行实际经验分析，并力图归纳出可资借鉴的发展经验。

一、韩国加工贸易技术升级及转型发展的历程与经验借鉴

（一）韩国加工贸易技术升级及转型发展的历程

在第二次世界大战和朝鲜战争后，韩国在一片废墟上建立起来对外贸易。1946年韩国出口总额只有36万美元，1960年韩国出口额也只有3300万美元，而进口则达3.16亿美元。造成这种情况的主要原因是韩国自然资源不足，只能主要依靠国外进口，因此赚取外汇成为当务之急。

20世纪60年代韩国的工业化是典型的加工贸易形态。韩国在中间产品产业和机械设备等生产资料产业基础非常薄弱的状态下实现了出口的迅速扩大，出口商品大部分是劳动密集型加工组装产品。即韩国企业从发达国家进口机械设备和原材料及中间产品，进行加工组装后再出口。尽管70年代韩国的化学工业发展迅速，但其中间产品和大型机械设备生产基础仍很薄弱，只能不断增加出口用以进口生产资料。因此加工贸易为中心的经济发展是70年代韩国经济的主要特征。

20世纪70年代中期以后，贸易保护主义日益盛行，而在全球劳动密

集型产品市场中，以价格为优势，中国和东南亚的一些发展中国家与韩国展开竞争，激烈的竞争重创了韩国的轻纺工业产品出口。此时，为了促进其经济发展和产业结构转换，已经积累了一定资本且具有一批技术力量和经营管理人才的韩国在政府政策主导下实施了产业结构转换。在十年时间（1977—1987年）就完成了人均GDP从1000美元向3000美元的飞跃。此期间，韩国施行的战略为"重工业化"，以汽车、造船、石化、钢铁和机械制造等新兴资本密集型产业作为工业建设的重心，成功发展了一批在国际竞争中能立于不败之地的出口产业。产业升级和结构调整得以完成。

20世纪80年代以后，愈来愈高的研发投入使得全球的科学技术水平大幅提升，新产品纷纷发明，其中很多是附加值高的产品，于是韩国把产业建设的重心转移到高科技和知识密集型产业。纵观韩国产业发展过程（见图5-1），可以看出其产业政策是最重要、最成功的。在顺应国际发展的背景之下，韩国经济发展与产业结构转换、劳动力和技术转变过程关系密切。以下部分对韩国各时期的产业政策和国际背景做一简要分析。

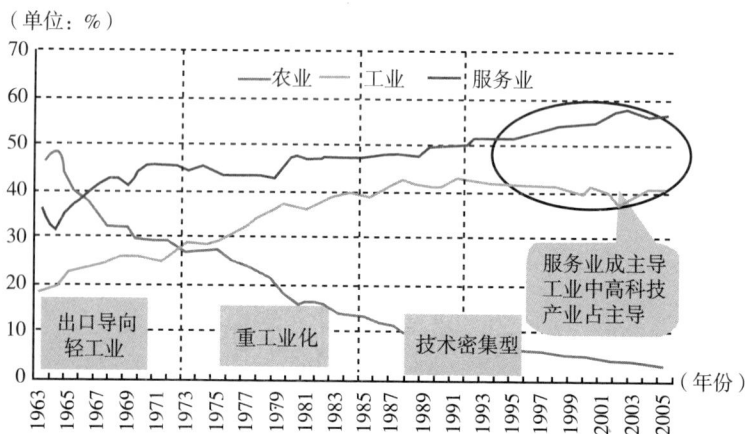

图5-1　韩国产业结构调整历程

资料来源：根据张习宁《日韩产业升级的经验及对中国的启示》（《海南金融》2011年第5期）整理而成。

（二）韩国加工贸易技术升级及转型的过程分析

1. 20 世纪 60 年代

20 世纪 60 年代，是韩国经济史上最重要的时期，正是在这个时期，韩国成功地进行了国民经济发展总体战略的转变，实行了一系列经济改革，为韩国跻身于战后新兴工业国奠定了基础。

（1）国际背景

第一，美国停止了对韩援助。第二次世界大战后到 20 世纪 60 年代初，韩国经济发展缓慢，国家保护和促进消费品工业。消费品的自给自足是当时工业生产的主要目标。这一时期，资金缺乏、物资短缺使韩国陷入困境，即使是维持国内水准很低的消费需求，也主要依赖于美国的援助。而 60 年代美国停止了对韩援助，为了解决经济开发所需资金和原材料，不能不发展贸易，尤其是出口，于是韩国在 60 年代初选择了贸易立国之路。

第二，国际产业转移的机遇。在 20 世纪五六十年代时，韩国主要的贸易伙伴是像美国、德国、英国、日本这样的发达工业化国家，对美日的出口额占韩国出口总额的 80% 以上。60 年代，二战后经济发展的"黄金时代"到来，国际贸易蓬勃发展，西方发达国家如美国、西欧诸国，开始进行产业结构调整，其中的一项重要举措就是将劳动密集型产业转移到海外。而当时劳动密集型产业产品仍然供不应求，这一机遇被韩国抓住，其战略由"进口替代"转向了"出口导向"，即劳动密集型工业出口导向的贸易策略。

（2）国内背景

根据韩国 1962—1971 年的两个五年计划（见表 5 - 1），其主要目标可以概括为促使经济和国家机器正常运转。在这一特殊的历史背景下，韩国首先发展轻纺工业，原材料和中间投入品依靠进口，资金由外国投入，技术和设备也是从海外引进，加工和装配的工人是本国廉价的劳动力,生产出产成品用于出口。即由轻纺工业开始进行加工贸易。事实证明,加工贸易使得韩国在资金短缺、科技落后、本土市场狭小等困境中得以发展,投资小,见效快,比较优势充分发挥,经济发展的坚实基础得以奠定。

表 5-1　韩国五年计划概况 1

	第一个五年计划（1962—1966 年）	第二个五年计划（1967—1971 年）
计划目标	①打破贫困的恶性循环; ②建立依靠自立发展的经济基础	①工业结构的现代化; ②促进自立经济发展
实际的经济增长率（%）	7.9	9.7
开发战略	①保证能源自给; ②调整结构的不平衡; ③扩大基础工业和基础设施; ④有效地动员闲置资源; ⑤改善国际收支状况; ⑥提高技术水平	①食品自给自足,发展渔业林业; ②为工业化奠定基础; ③改善国际收支状况; ④扩大就业,推进家庭计划,控制人口膨胀; ⑤提高农民收入; ⑥提高技术水平和生产率
工业化基调	奠定工业化基础	工业外向型化

韩国通过加工贸易方式发展轻纺工业,这一举措彻底改变了出口商品的结构。1967 年以后,韩国出口的主要商品由初级产品变为了纺织品。在韩国将其贸易政策向以出口为主转变过程中,政府采取了一系列重要措施。

与产业相关的政策主要包括:低息贷款,关税优惠,财政补贴,汇率调整，扩大高等教育机会，兴建基础设施等。以上措施基本可归为以下几类：

第一，改革汇率制度。汇率制度改革经历了两个阶段：1965 年之前，韩国政府通过两次韩元贬值，美元兑韩元由原来的 1∶65 提高到 1∶130，并将复汇率制改为单一固定汇率；1965 年 3 月，在韩国物价相对比较稳定时，实施了浮动汇率制，且将美元兑韩元汇率提高到 1∶255。韩元贬值成为了鼓励出口的价格诱因，是韩国贸易业出现新的转折。

第二，贸易奖励制度的完善。1964—1965 年韩元贬值的汇率改革大幅提高了出口商品价格竞争力，在此之后，政府对出口企业的直接补贴等明补办法逐渐缩小或废止，代之以通过金融和关税的暗补（暗补包括对商品所得税和营业税继续实行减免，以扩大适用范围，在金融政策上也用减低利息、放宽贷款限额等办法来扩大支援）。具体而言，自 1965 年起，韩国工商部的贸易振兴综合计划包括了以下出口奖励制度：出口优惠金额，用于生产出口产品的原材料进口免征关税；用于生产出口产品的进口中间产品免征间接税，出口创汇产业减免所得税，对出口用原材料的损耗处理、出口业绩和进口许可相联系，用于生产出口商品的中间产品免征关税及其他间接税，允许主要出口产业的固定资产累积折旧等。

第三，社会基础设施建设。为促进包括出口产业在内的制造业的全面迅速成长，韩国政府在 20 世纪 60 年代持续扩大社会基础设施投资，这一时期社会基础设施建设投资占总投资额的 36%，并把社会基础设施建设的重点放在工业活动直接或间接必需的基建方面。比如解决电力不足问题，积极投资于交通部门，新建并扩张铁路，建设高速公路，振兴海运和航空交通，扩充通信设施等。

第四，科技政策。该部分的政策主要包括科技开发的基础设施和相关法律的建立，以及科研人才的培养和引进。1964 年政府设置了总统咨询机构"经济科学审议会"，负责把大学和科研机构专家的建议反映到经济发展政策中去，具有向总统提供经济和科学技术长远发展计划咨询的职能。1967年政府设立了科学技术处，专门负责科技振兴，制定科研开发、技术人才培养、国际合作、研究机构和研究资源开发等基本政策。1967年制定了科学技术发展的基本法"科学技术振兴法"。此外，政府为满足科学技术的中长期需求，建设了包括洪陵科学技术园、大德科技园、韩国科学技术研究院等专业技术研究所在内的大型科学技术研究园。为促进经济发展，建设科技基础设施的同时，努力提高科技领域的人才数量。

需要注意的是，在20世纪60年代，政府通过提供税收和金融优惠振兴科技研究开发的努力并没有取得多少成果。这主要是因为企业进口研发设施时享受关税减免优惠，缺少技术研发动机，而且政府更注重完成短期出口目标和经济增长目标，无法保障技术研发的资金支持。与此同时，由于当时韩国的产业结构层次偏低，对于技术的需求有限，因而韩国科学技术研究院最重要的作用是在民间企业没有兴趣自主开发技术时期就开始培养技术研究人才，使他们在企业努力自主开发技术时期充分发挥作用。

2. 20 世纪 70 年代

韩国经济发展总体战略的转变即机构制度的改革，带来了经济腾飞的显著效果。1962—1971年，韩国实际国民收入翻了一番，年均增长9.5%，人均国民收入年均增长6.9%，商品出口额年均增长40%，商品进口总额年均增长21.3%。在完成前两个五年计划的基础上，由于有了一定的资金和技术力量，加上利用当时西方工业国家调整其工业结构，将劳动密集型工业向海外转移的有利时机，韩国制定和执行了"有重点地发展重化工业"的方针。在第三、四个五年计划期间（见表5-2），韩国大量吸收国外直接投资，使制造部门的生产取得了迅速的发展。

表5-2　韩国五年计划概况2

	第三个五年计划（1972—1976年）	第四个五年计划（1977—1981年）
计划目标	①协调增长，稳定及公平；②实现经济自力更生；③国有土地的综合开发和地区间的平衡发展	①实现自立经济；②通过社会发展促进公平；③提高技术和效率
实际的经济增长率（%）	10.2	5.7
开发战略	①食品做到自给自足；②改善农村地区生活环境；③促进重工业和化学工业发展；④改善科学、工艺技术和人力资源；⑤开发国有土地资源和对工业作有效的空间布局；⑥改善居住条件和国民福利事业	①投资资本自给自足；②做到国际收支平衡；③调整工业结构从而提高国际竞争力；④扩大就业，开发人力资源；⑤改善居住环境；⑥加大对科学和工艺技术的投资；⑦改善经济管理和制度
工业化基调	建设出口主导型重化学工业	开发新技术及劳动密集型工业

（1）国际背景

20世纪70年代中期，一方面，西方发达国家出现经济"滞胀"，贸易保护主义再次兴起，限制进口韩国等发展中国家生产的劳动密集型轻工业制品；另一方面，本土的劳动力价格不断上升，其他一些发展中国家和地区凭借更显著的劳动力比较优势纷纷进军加工贸易，与韩国展开激烈竞争。

同时，出于对生态环境的保护和石油依赖的减弱等方面的考虑，美、欧、日等发达国家将重化工业中的一些生产环节转移到发展中国家。面对这些国内、国际形势，韩国一方面通过技术改造使产品得以更新换代，增强了劳动密集型产业的国际竞争能力；另一方面集中力量发展资本密集型的重化工业，并把它们作为出口工业的核心，以实现工业的第二次升级，即工业由劳动密集型发展为资本密集型，在工业化的道路前进了一大步。韩国产业的转型升级再一次顺应了国际产业的转移潮流。

1973 年，《重化工业宣言》由韩国政府颁布。明确指出战略产业为钢铁、造船、有色金属、电子、石油化工、水泥、汽车和机械工业。举全国之力重点发展以上产业，努力实现产业升级。此举成功，韩国发生了巨变，出口商品结构的明显变化是一个证据。1973—1981 年，上述战略产业的出口额从 8.3 亿美元增至 99.6 亿美元，增长了 12 倍。

（2）国内背景

经过 20 世纪 60 年代的奠基时期，贸易政策得到完善，出口支援政策体制大体确立。在此基础上，对外贸易从 1969 年以后，进入了成长时期。韩政府面对国内外条件的变化，制定了新的出口主导战略，即进入日益实现标准化的生产资料和中间产品国际市场，同时实现进口替代和提高出口质量两大目标，亦即重化学工业战略。培育重化学工业最紧急的课题是动员所有资本、技术、熟练劳动力、产业园区和企业家精神投入到重化学工业部门。但在 1973 年重化学工业宣言发表时，韩国正面临着严重的资源不足，国内资本和金融市场尚未发展到为发展重化学工业投资筹集资本的程度，国内教育和相关技术人员也有限。为解决上述问题，政府采取了一系列政策措施。

第一，重点投资重工业。1973 年以前，韩国将出口产业区分为"出口特殊产业"和"出口战略产业"。1973 年，依据新的出口产业开发战略，将出口产业区重新区分为"重点开发产业""安定产业"和"原料产业"。其中重点开发产业主要就是重工业，其产品在 20 世纪 80 年代对美的计划出口中占有很大比重，因此作为支援战略，政府鼓励重工业大胆进行设备投资，果断引进外资和最新技术，不断提高生产能力。

第二，给予融资与赋税优惠。政府采取措施，增加重化学工业投资的优惠长期金融贷款，即政府创设国民投资基金，商业银行和其他金融机构按新增存款比例义务地划拨给国民投资基金存款，以增加长期融资供给。同时，加大对重化学工业企业的赋税优惠，如 20 世纪 70 年代中期到 80 年代，重化学工业企业实际税率不到资本边际收益的 20%，而其他产业实际税率几乎达到边际收益的 50%。

第三，提升相关的教育和研发。为保证充分满足重化学工业的人才需求，政府扩增各类工科学校和技术类学校的入学名额，增加这些学校的教学设施。并于 1975 年成立了韩国科学院，为其教师和学生都提供了特别优惠政策。此外，政府还在 10 个市道设立了科学高中。为促进造船、机械、石油化工、电子、海洋学等工业部门的研究开发，设立了五个战略性研究所。此外，政府还从各地区布局特征出发，扩大符合各地区特征的重化学工业园区建设。

第四，建立综合贸易商社。1973 年石油危机之后，发达国家经济发展缓慢，贸易保护主义抬头，使韩国开拓海外市场遇到了阻力。与这种国际形势相比，当时韩国纷纷成立小规模的出口商社，其专门化程度低，适应海外市场变化的能力弱，开拓海外市场难度大。韩国于 1975 年 4 月 30 日颁布《关于确定综合贸易商社的要领》，开始建立综合贸易商社。综合贸易商社享受商业行政、金融、外汇管理等各方面的优惠政策，如允许其在国外筹借低息贷款、其国外公司能留有 50 万美元以上的外汇，其贸易享有优先权，原料的代理进口权，在国际招标中的投标权等，这些优惠均是其他非商社型企业无法享受的。韩国综合贸易商社与重化工业得到同步发展。

第五，完善与技术支持相关的法律法规。1972 年韩政府制定了"产业技术振兴法"，鼓励企业自主进行研发。1973 年的"技术运营促进法"、1974 的"国家技术资格法"均是加强技术管理的法令。其中，"产业技术振兴法"提供了多项奖励政策，如用于研究开发的进口装备享受减免关税优惠政策，每三年一次提取收益的 20% 作为技术开发预备基金。在这些鼓励条件的刺激下，由企业运营的技术研究所由 1971 年的 1个增加到 1976 年的 12 个，1979 年则增加到 46 个。

20 世纪 70 年代的企业自主研发发展同样有限，但与 60 年代相比，其原因是不同的。70 年代，由于企业主要是模仿发达国家的制造技术，对研究开发的关心相对较少。当时政府和企业竭尽全力实现出口目标，只要有利于出口、能够提高国际竞争力的技术，都要进行模仿。不过，企业技术力量的提高是个渐进的过程，制造能力通常优先于技术力量。并且不可否认的是韩国的技术力量在这十年是有一定发展的，持续发展的技术力量也不断提高企业生产率和国际竞争力。

3. 20 世纪 80 年代

20 世纪 70 年代末，为抑制通货膨胀，世界发达国家坚持紧缩政策，导致了高利息、高汇率。80 年代后果显现，全球国际分工巨变，贸易保护主义再次抬头，贸易不平衡干扰了发达国家之间的公平竞争，沉重的负债阻碍了发展中国家的工业化前进之路。到 80 年代中期，各发达国家开始意识到，世界经济结构上的上述问题将会导致经济长期萎缩。因此，各发达国家开始寻找协调政策。1985 年年末以来试行的美元贬值及 1986 年发达国家共同降低利息的做法，可以看作是发达国家之间政策协调的结果。发达国家在调整利率、汇率的同时，1985 年年末到 1986 年上半年又出现石油过剩现象，国际原油价格急剧跌落。于是，世界经济出现了"三低现象"（低油价、低利率、低汇率），这成了韩国发展对外贸易的有利的国际经济环境。1986 年，韩国实现了自 1946 年以来的首次贸易顺差。

此时，发达国家开始了又一轮的海外产业转移，电子工业中的劳动密集型的组装装配工序和低档次产品是转移重点。韩国积极利用承接的技术改造传统工业，继续发展钢铁、造船等重化工业，并不断涉足知识技术密集型产业，如计算机、半导体、自动化设备和电子通信等，坚实地奠定了再一次产业升级的基础。

纵观韩国 20 世纪 60 年代到 80 年代的贸易发展（见图 5 - 2），可以看出韩国的对外贸易在 80 年代已经转入稳步发展。且出口增长伴随着出口产品结构的变化，出口工业品种重化工产品比重由 1980 年的 47.6% 上升为 1982 年的 53.5%，自此以后重化工产品在出口工业品中的比重一直保持在 50% 以上，其中钢铁、机械、电子产品的出口增长速度较快。

在 20 世纪 80 年代，总的来讲，韩国政府没有太大的动作。最大的特点应当是，随着全球化与国际市场的开放，韩国政府的贸易政策基调发生变化——干预程度有了一定的下降，在国际环境稳定的前提下，越来越多地让市场发挥其作用。相应地，在 80 年代政府采取的措施如下。

（单位：%）

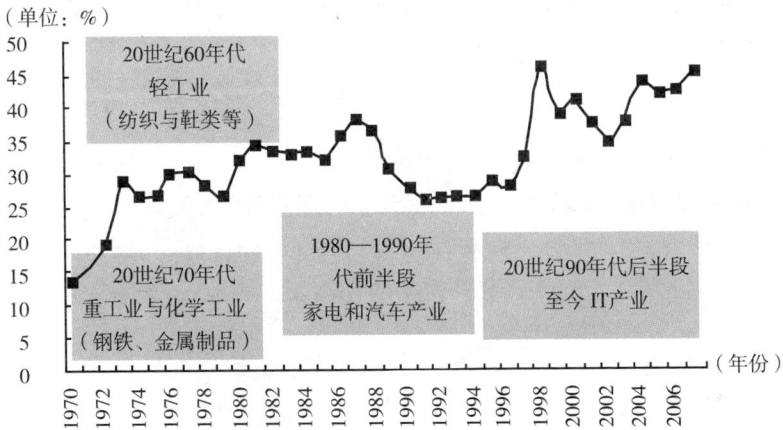

图 5-2　韩国出口占 GDP 的比重及主要出口产品的历史变化

（1）推进进口自由化。韩国推行进口自由化始于 1967 年加入"世界关税及贸易一般协定"，但是，制度开始转换的 1967—1977 年，韩国只停留在建立和完善制度上，实际上进口自由化程度很低。1978—1979 年有了进一步的推进，但又由于第二次石油危机而中断。到了 1981 年，以经济政策变化为契机，韩国再次实施了进口自由化政策，1981—1982 年进口自由化产品逐渐扩大到 533 种。1984 年开始，分年度提前公布进口开放产品品种。到 1988 年，进口自由化率达 94.8%。为顺利推行进口自由化并缓和其带来的对开放产业的冲击，韩国采取了各种配套措施。同时，为了缓解贸易中的摩擦，韩国还成立了以四个经济团体、消费者团体为中心的"进口合理化推进协议会",以提高国民对进口开放政策的认可。

(2)缩小政府保护力度。扩大民间自主机能,实行出口主导型经济开发政策,重心是出口。但此时,韩开始将出口支援政策中的直接支援为主转向发挥汇率机能进行间接支援为主,金融方面对出口的优惠措施也逐渐减少。20世纪80年代中期制定的《对外贸易法》和《工业发展法》正式体现了以上的政策方向。据此,政府对企业的保护大大缩小,民间自主机能扩大,同时完善了产业破产救济制度。在具体行政体制上,以管理进出口物品为目的的公告开始趋于完善。

(3)对高新产业加大投入。促进技术引进,延续从20世纪六七十年代对科技研发的支持,在80年代韩国又制定了"国际技术协作规程""海外建设促进法""特殊研究开发事业处理规程",重新修订了"技术开发促进法"等。其中"特殊研究开发事业处理规程"确定了特殊研究开发事业的支援对象,包括半导体及计算机、系统工程技术、机械技术的尖端化、原材料技术、遗传工程、海洋、宇宙开发技术、节能技术、特种化工及高分子技术等高新技术。对于重点开发核心产业技术,"技术开发促进法"提出了特殊研究开发事业计划,为政府或非政府及其他企业提供技术开发的资金支持等。

(三)韩国加工贸易技术升级及转型的经验总结

1. 及时抓住了有利机遇

从国际环境来看,韩国产业的转型升级成功很重要的一个方面是及时抓住了有利机遇。这也意味着只有国内政策,而没有国际大环境的支撑的话很难取得韩国所取得的成绩,因此很多学者都表示韩国模式是不可复制的。像韩国20世纪60年代发展劳动密集型产业,得益于发达国家劳动密集型产业转移的契机和当时本地的劳动力成本优势。70年代重点发展重化工业又赶上发达国家出于本国环境、资源等综合考虑转移其低端化工业的时机。如果说六七十年代更多的是由于发达国家的产业转移，而韩国恰好成功地承接了这些产业的话，那么80年代更多的则是韩国自身20年积累的一次爆发。由此可以看出，当一国处于发展的低水平或者产业的低端时，其产业发展或者产业结构转换更需要顺应国际大背景，才能获得较好的成绩。而当一国已经有一定资金、技术及人才积累时，产业发展或产业结构的转换过程中，更为重要的是该国政府所采取的激励措施及该国本土企业的表现。

2. 重视科学技术的研发及其产业化

从发展的角度来看，科学技术的研发及其产业化对于一国的长远发展始终发挥着重要的作用。韩国在20世纪六十七年代的科技政策对其科技研发的促进以及对韩国的产业发展或产业结构转换的作用不明显，原因之一是当时韩国的主要产业或企业对这些技术的需求并不强烈，先进技术在当时对企业的发展并没有显现出重要性；二是韩国的起点较低，韩国整体的技术水平仍然明显落后于国际先进水平，技术的发展是一个渐进的过程，技术在国内的传播亦需要时间，这些因素都影响着科技发挥其作用。但是韩国政府始终都投入很多的人力、物力、资金发展本国的科技水平。事实证明，这些积累在80年代韩国的成功转型中发挥着功不可没的作用。因此，对于一国或一个地区而言，科技水平是十分重要的，不能以一时的经济表现来衡量科技的作用，要大规模地技术创新和技术引进。

3. 制定和推行了正确的产业政策（见表5-3）

产业政策的重大意义不言而喻，特别是对于力求工业化的发展中国家。韩国的产业政策的制定和推行是全球的一个成功范例，使得其追赶发达国家的时间进程得以最大限度的缩短。韩国政府在各个发展时期都是以产业政策来引领经济发展的方向。从进口替代、出口替代、重化工业到最后的技术立国等一系列战略，都体现了韩国政府对工业化进程的合理和适度的干预。且国内外形势发生变化，韩国政府的产业政策也随之进行动态调整。韩国政府在工业化进程中，选定了石油化工、钢铁、船舶制造、家用电器、汽车和电子通信等产业部门作为经济发展的突破口，实现了工业的跨越式发展，政府的主导作用得到最大限度的发挥。

表5-3 韩国各时期产业政策

时期	时代背景	扶持产业	相关措施
20世纪60年代	国内资源和资金缺乏，外部正进行产业转移	纤维、胶合板等劳动密集型行业	关税减免、低息出口贷款、对民间企业引进国外贷款进行审批和提供支付保证、韩元贬值、提高利率、单一浮动汇率、扩大高等教育机会、兴建基础建设
20世纪70年代	经济起飞	钢铁、非铁金属、机械、造船、汽车、电子、石油化学、水泥、陶瓷器及纤维工业10大战略产业	重点投资、税收倾斜、鼓励购买本国设备、提升相关教育和研发
20世纪80年代	结构调整	汽车、电子、半导体	对高新产业加大投入、减免税收、给予融资优惠、进口自由化、降低关税、资本自由化、促进技术引进
20世纪90年代	缓慢增长	高新技术产业	加强人才培养、加大科研投入、税收优惠、重点培育关键技术和企业、优惠金融政策引进高新技术投资

4. 法律保障

为使对外贸易活动有法可依，韩国在各个发展阶段都制定了相应的对外贸易法令法规。《对外贸易法》是进出口的基本法，于1986年颁布，《对外贸易法实行令》用于确保基本法的贯彻。《关税法》《外汇管理法》《出口检验法》《出口保险法》等对具体的进出口环节进行了规定。此外，《药检法》《工业品质量管理法》《汽车管理法》等特别法对于相关的具体产业的进出口予以规范。

5. 政府对经济的干预适度

在第二次世界大战后与日本比较，长期以来韩国的经济增长更平稳。韩国在经济结构调整时主动减少了政府的干预，使得重工业化时代结束后，没有陷入经济长期萧条。长期以来，韩国政府政策没有向大型企业过多倾斜，中小企业发挥灵活优势，持续推动经济快速增长。相比较之下，日本政府对重点企业政策倾斜很大，甚至许可大企业行业垄断。在产业政策的执行中，日本过多的官商合作一定程度上提高了大企业的运作效率，但产生了大量的非生产性资源投入，并减少了小企业的发展机会。因此，当一国的总体积累已经达到一定水平，该国企业已经有一定的竞争能力时，政府要让市场主导企业发展，使其在竞争中成长。

二、新加坡加工贸易技术升级及转型发展的历程与经验借鉴

从20世纪60年代开始，新加坡经历了一个完整的经济结构调整和升级过程，这个过程包括了三次转型，约每15—20年一次，新加坡的主导产业依次从劳动密集型升级到资本密集型再到技术、知识密集型产业。作为战后城市经济和亚洲经济快速发展的典型代表，新加坡经济结构调整的历史和经验具有其特殊的价值。

（一）战后的国际产业转移和新加坡的经济结构调整

1. 第一波国际产业转移和新加坡的劳动密集型产业

新加坡的工业化进程和经济起飞大约始于20世纪60年代。在1965年新加坡正式建国，之前主要凭借其优越的地理位置和自由的经济政策，大力发展转口贸易，经济结构比较单一。后来随着人口增长，失业率日渐升高。为了扭转这一局面，新加坡从1960年开始推行进口替代的产业

发展战略。这一战略一直持续到 1964 年，在这一期间新加坡的 GDP 年平均增长率为 5.1%，制造业的产出占 GDP 的比重从 11% 增加到 14%。这为新加坡后来的经济发展奠定了良好的基础。

1965 年新加坡正式独立建国后，原驻扎于新加坡的英国海军基地撤走，由于该基地在 1965 年前总共雇用了约 4 万新加坡工人，因而其撤离在一段时间内造成了新加坡国内的失业率攀升至 10% 左右。且新加坡国内市场很小。该背景下，面临着一系列的国内和国际问题的进口替代产业战略已不适合，新加坡急需发现新的发展机会和路径。与此同时，世界范围内正在发生 20 世纪经济史上的第一波产业转移。由于第二次世界大战结束后众多新兴民族国家的独立和稳定，世界范围内人口和劳动力都获得了较大增长。同时欧美等传统发达国家的劳动力成本持续上升，兴起了劳动密集型产业从欧美国家转向日本、德国和新兴民族国家的第一波产业转移浪潮。

在此背景下，新加坡的低劳动力成本优势就有了发挥的机会。同时，新加坡政府迅速成立了经济发展局（Economic Development Board, EDB），准确把握经济发展趋势，制定了一系列经济战略和招商引资策略。新加坡经济发展局，在国际上加大对新加坡的宣传和招商引资力度，在国内加紧建设和完善各类工业发展必需的基础设施，并采取了各种税收优惠政策，以吸引欧美劳动密集型跨国企业到新加坡投资生产。

在这种良好的国际背景和准确适当的经济政策共同作用下，新加坡成功地吸引到欧美转移的电子组装、服装加工、玩具生产、食品生产等劳动密集型产业，完成了其经济发展和产业转型的"第一次跳跃"。1972 年，新加坡的失业率下降到 4.7%。

2. 石油危机后的国际产业转移与新加坡的资本密集型产业

通过引进和发展劳动密集型产业，新加坡的就业问题得到解决，但是不久新加坡所面临的国内国际经济形势发生了变化。第一，在新加坡国内，劳动力价格持续上升，劳动力比较优势不断下降。第二，国际经济条件发生变化。20 世纪 70 年代，劳动力成本更低的东南亚国家加入国际竞争中，同时西方发达国家贸易保护主义再次兴起，新加坡以劳动密集型出口工业为支柱的外向型经济受到严峻的挑战。第三，20 世纪 70 年代世界石油危机爆发，欧美发达国家的经济出现较大震荡，国际资本开始在全球范围内寻找新的投资地区。这三个方面的因素，使产业转型升级成为新加坡经济发展的当务之急。

产业结构由劳动密集型转型升级到资本密集型，新加坡主要采用了四个方面的政策手段。第一是新加坡工资政策的调整。1979—1982 年，新加坡推行了提高工人工资的政策，持续的工资提高使劳动力成本大增，无疑企业的总成本也不断上升，此举使企业不得不提升生产工艺技术，提高劳动生产率。劳动密集型产业比较优势不复存在，资本密集型产业得到重视和发展。第二，推进企业调整资本对生产技术的投资，转变为资本密集型企业。新加坡通过各种奖励政策，激励本地企业将更多的资金投入到技术升级上，而不是依靠增加雇佣工人的数量来实现产出的增长；建立了工人技能发展基金，加强对工人的技术培训。第三，招商引资政策的调整。资本密集型企业成为新加坡招商引资的主要对象，劳动密集型企业被拒之门外，以促使新加坡加工贸易的转型升级。第四，建设基础设施优良的新工业园区，使新企业得到良好的生产基地。这样，新加坡发展起一批有竞争力的石油工业、精密仪器制造和化学工业等资本密集型产业。位于南部的裕廊工业园区逐渐发展成为世界级的石油化工生产区。

这就是新加坡的"第二次工业革命"。1985 年，新加坡的 GDP 年均增长率已高达 7.3%。1979—1985 年，产业工人的人均名义附加值从 1.84 万美元提高到 2.7 万美元。技术人员的比重从 11% 提高到 22%。

需要指出的是，经过前几次经济结构调整之后，本土企业的发展得到新加坡政府的重视。原因是经济高度开放和外资依附等因素会使得新加坡的发展过于容易受到外部经济变化的影响，于是新加坡加大了对本土企业的扶持力度。

3. 加速全球化的背景与新加坡的技术、知识密集型产业

一方面，进入 20 世纪 90 年代以后，欧美发达国家的经济发展开始转变为以技术和知识高密集型的产业发展为主导，生物医药、信息技术等高科技产业成为经济发展的新引擎。新兴的高科技产业天生具有全球化的特征，必须在全球市场中布局和参与竞争才能持续发展。这成为促使新加坡开始第三次经济结构调整的外部因素。另一方面，多年的快速良好发展为新加坡积累了足够的资本，新加坡已经有能力不仅仅依赖引进新型产业促进本国经济发展，而是进行自主投资新兴产业参与新的国际竞争。这样，为抢占经济增长新的制高点，新加坡政府开始对生物医药等新兴高科技产业投入巨资，将生物医药等新兴产业打造成为新加坡新的经济增长支柱（见表 5 – 4）。

表 5 – 4　新加坡的产业转型升级进程

发展时期	1960—1978 年	1979—1985 年	1985—1998 年	1998 年至今
核心产业	劳动密集型	资本密集型	技术密集型	知识密集型
重点产品	食用糖，洗涤用品，啤酒，软饮料，家具，炼油，初级化学品，汽车组装装配，家用电器，电子组装，水泥建材，建筑钢材	工业电器、外围设备，集成电路测试，精细化学品，石油化学品，医疗设备	晶片制造，集成电路研发，生物科技研发，石油化工研发，信息和媒体传播服务，物流集成	海洋生物、生命科学、医学，生物合成技术，高级保健医疗，整体信息传媒

（二）新加坡加工贸易劳动密集型产业转型中的政府政策

1. 工资政策

前面已经提到，在新加坡的劳动密集型经济结构转型中，工资政策的调整发挥了重要积极作用。自 1972 年起，新加坡的全国工资政策以及工资的变动均由新加坡全国工资委员会（National Wage Committee，NWC）制定。全国工资委员会每年都会推荐一个工资提高的指标，这个指标在新加坡被广泛地接受和施行，而经济中所有各部门的工资率也显著提高。如表 5–5 所示，1972—1982 年期间，新加坡全国平均每年工资增长率为 10.9%，而这些工资率并未包含雇主对其所有工人个别中央公积金账户中强制性缴纳部分。

表 5–5　新加坡各产业部门工资

（单位：新加坡元）

部　门	1972	1982	年均增长率（%）
农业	55.4	194.0	13.3
采矿	69.1	378.3	18.5
制造	63.2	172.6	10.6
公用事业	80.5	254.9	12.1
建筑	77.6	205.5	10.1
贸易	68.5	204.6	11.6
运输通信	84.7	232.8	10.6
金融商业	108.9	271.7	9.6
其他服务	86.8	254.3	11.3
平均	75.6	212.3	10.9

1979 年开始，新加坡全国工资委员会开始扮演加速推动新加坡向资本密集、技术密集和附加值高的经济结构调整的角色。在 1979—1981 年的 3 年间，全国工资委员会推荐工资增加的幅度较之前数年更高，目的在于配合新加坡减少劳动力密集、低附加值的经济产业，以使得劳动力、资本以及其他较稀少的资源能够转向附加值较高的其他经济活动，或干脆让后者取代前者。但是，新加坡全国工资委员会也注意到工资增加对新加坡通货膨胀水平可能带来的冲击，因此其推荐的工资增加方案并非仅仅增加绝对的工资额，而是在提出更高工资建议的同时，给出了一个相应提高的工资强制缴纳中央公积金的方案。

新加坡全国工资委员会通过一系列深思熟虑的工资调整方案建议，成功地推动了新加坡经济结构的调整。它的成功可以从六个方面进行概括。

（1）保持每年工资有序调整。按照全体一致原则行事的新加坡全国工资委员会，从 1972 年开始，每年的工资调整方案建议都获得了全体一致通过；不仅如此，全国工资委员会向新加坡所有企业提供的建议，完全被所有新加坡企业接受。

（2）促进收入分配的公平。全国工资委员会在设计工资调整公式时考虑到了收入分配变动的因素，同时相关数据也显示其政策对减少恶意的工资差异变动起到了很好的消减作用。

（3）尽可能促进增长。新加坡 1972 年之后每年约 8.6% 的增长速度已经清晰地表明了这一点。

（4）稳定的物价水平。表 5-6 显示了新加坡 1961—1982 年通胀率水平的分布，数据显示，在绝大多数年份里，新加坡的通货膨胀都保持在了一个健康和稳定的水平。

（5）保持出口竞争力。在工资调整的背景下，新加坡的旅游产业仍获得了很大发展，而其他一般服务和制造业也能保持稳定的出口，没有受到很大冲击。

（6）保留市场独立调节工资的权利。新加坡全国工资委员会并非一个政府权力机构，而是类似于社会组织，只是被赋予了一定的权威，但企业和工人自行协商工资的权利仍然被保留，这也是全国工资委员会的政策能够成功的一个重要保障和缓冲力量。

表5－6　新加坡的CPI：1961—1982 年

CPI	年　份	年　数
< =0	1969、1976	2
0.1—2	1961、1962、1964、1965、1966、1968、1970、1971	8
2.1—4	1963、1967、1972、1975、1977、1979、1982	7
4.1—6	1978	1
6.1—8		0
8.1—10	1980、1981	2
>10	1973、1974	2
总计	1961—1982	22

2. 技术政策

推动产业从劳动密集型向更高的资本和技术密集型升级，技术的发展是不可或缺的。新加坡政府推动技术进步和人力资本投资的政策主要包括以下几个方面。

（1）与跨国公司合作培训技术工人。新加坡在 20 世纪 70 年代开始通过技术人才的供应来吸引跨国公司。经济结构升级早期，因本国缺乏高技术工人，新加坡与跨国公司合作进行工人培训，新加坡拿出场地、设施以及资金补助，同时给予跨国公司一些税务优惠政策。跨国公司派出专家，提供了教学设备和教材等资料。该合作使新加坡的工业生产由服装转变为光学仪器和精密仪器。而且，当培训的人才多过新加坡的需要时，可将其派驻到其他地方。该举措促进了产业发展，也推动了零配件产业和中小企业的发展。

（2）建立技术学院。20世纪80年代，许多高科技产业被引入新加坡，如硬盘驱动器、机械化、自动化、计算机产业等，这需要一些更专业的技能和知识，于是在1979—1982年，新加坡经济发展局和日本、德国、法国等在技术培训方面比较强的国家合作，联合设立了3所技术学院，进行本国的人员技术培训。在管理方面，国外政府外派学院领导、提供技术方面的新机器设备和发放外国专家的费用，新加坡提供培训地点、设备维修等服务和学院营运资金。当时新加坡尽力争取多与几个国家合作。十多年后的20世纪90年代中期，新加坡的技术学院已较成熟，国内的人才培训和技术水平得到相当程度的发展。

（3）支持国内中小企业向资本和技术密集型产业发展。20世纪六十七年代，新加坡针对产业升级制定了各种鼓励政策。支持的企业是国内的中小型企业，支持的产业主要是技术密集型的零部件生产。政府主要提供资金方面的支持。比如，新加坡有加工贸易企业负责日本松下零配件的生产，经济发展局给松下一些资金，松下就转让一些技术和管理经验。对于跨国公司松下而言，产品成本低可以增强市场竞争力，对于新加坡来说，生产能力得以不断提高，该合作是双赢的。新加坡针对产业提升创造了很多的机会，既支持了跨国公司在新加坡的零部件生产，也支持了其在全球的零部件生产。后来，很多企业有能力从事零部件的设计。

与跨国公司合作进行培训，接着自己建设技术学院、理工学院，然后是进行零部件生产、技术转让，这就是新加坡产业升级的三个步骤。

3. 土地和园区发展政策

新加坡是城市经济园区发展模式的首创者，其经济结构的调整与新加坡工业园区的发展紧密联系。

（1）劳动密集型产业的工业园区。新加坡的国土面积很小，1960年的测量结果是581.5平方公里。转口贸易和进口替代贸易是该国独立之前的经济支柱，因而具备较完善的港口及航运基础设施。加之考虑到劳动密集型产品的规模化出口的便利，1961 年在裕廊地区，新加坡政府划拨了 64.8 平方公里土地专门用于工业发展，工业发展的新模式——工业园区诞生了。

裕廊工业园区的发展大致有两个步骤。首先是基础工程建设，即港口、码头、通信、用水、电力等基础设与及生产厂房和生活住房等的建设。然后是工厂进驻。积极开展招商引资工作，一大批劳动密集型产业，如纺织服装、儿童玩具、家具制造和电子产品组装装配等入驻工业园区。经过发展，裕廊工业园区成为了国际性的家具制造和交易中心。而工业园区附近的樟宜机场，也逐渐发展成为亚洲重要的航空枢纽之一。

（2）经济结构调整和科学园的发展。到 20 世纪 80 年代，工业园区建设已基本完成，国内外投资者也获得了满意的回报，新加坡劳动密集型产业已基本没有发展空间。在这种背景下，为了实现经济结构调整和升级，新加坡政府于 1980 年在新加坡国立大学附近建立了一个以高科技为特点的新的园区——新加坡科学院，目的是在此地集聚科学研发机构，促进研发机构之间以及研发机构与企业之间的合作交流。1991 年，在新加坡国家科技规划的指导下，新加坡政府决定在西南部建立一个高科技走廊，后来这一区域逐渐发展成著名的纬一科学城园区。

20 世纪 90 年代后，全球经济发展的新阶段——知识经济时代来临，新形势下，新加坡政府调整了产业政策，产业发展的重心转变为信息产业和生命科学等知识密集型产业。新加坡政府酝酿了一个新规划，计划进一步建设提升纬一科学城园区。首先建设优越的硬件环境，既可以充分地工作、学习，也可以尽情地生活和休闲。然后营造良好的氛围，形成科学技术研究的联合社群，最后逐渐演变成为国家科学技术研发和休闲娱乐的新中心。

在近半个世纪的发展历程中，新加坡政府多次把握住了世界经济结构调整的大好机遇，结合本国特征，充分发挥了比较优势，制定了一系列正确有效的产业政策，创新了工业发展的新模式——工业园区，产业布局合理得当，从劳动密集型到资本密集型再到技术、知识密集型，现又向创新密集型迈进，一次又一次实现了产业的转型升级，巨大的经济成就举世瞩目。

（三）新加坡产业转型的成功经验

1. 经济结构调整循序渐进

新加坡经济结构调整的一个重要表现就是其转型升级遵循了一个依序渐进的过程。这种依序渐进的升级路径很有可能是新加坡能够在相当长的时间内保持转型成功的重要原因。依序渐进的转型升级路径对于地区经济的长期发展和增长可能起到了重要的作用。

（1）保证了每一次转型升级都有良好的经济基础。成功的转型升级需要一个经济体在转型前准备好转型升级所必需的各类要素。在新加坡经济结构的转型升级历史中，每一个阶段都经过的充分的准备和发展，每个阶段除了完成本阶段的发展任务，还为下一个阶段的到来做好了准备。例如，在新加坡从劳动密集型产业升级到资本密集型产业前，新加坡已经提高了工人的工资，完善了地区的基础设施，培育了本地和国际市场，提高了企业和政府对生产和经济的管理能力。这种依序渐进的转型升级因而表现为一种良性和稳健的经济增长与发展过程。

（2）与世界经济发展的趋势保持稳步协调。新加坡依序渐进的经济结构调整既是整个世界经济发展的自然影响，也是一种主动调整与世界经济发展相协调的发展路径选择。新加坡能够准确把握每一次世界经济调整的机遇，主动利用这些机会调整国家的产业结构，因而其国内的投资和政策调整能够与世界经济的发展保持良好的协调，

（3）对社会和居民生活的影响和冲击较小。这一点是上面两点的自然延伸。由于每一次转型升级前，政府以及国内国际市场都已经做好了充分准备，因而转型过程带给社会的影响是比较小的。平稳的转型过程对经济中各类参与者的利益再调整提供了良好的环境。新加坡自独立以

来，其主要执政党在近50年的执政历史中能够始终保持政治稳定并实现成功的经济发展，证实了这一点。

2. 引进外资

事实上，新加坡在其转型升级过程中，对于外资企业与本土企业在政策上保持了相当的中立和一视同仁。这也为新加坡赢得了全球最自由市场经济体之一的良好声誉。在新加坡既有对外资企业的吸引政策，也有对本土企业的扶持措施。

新加坡是个资源缺乏的国度，吸引外商投资是其经济发展的必要保障。因此，新加坡政府通过制定优惠的投资政策、创造宽松的投资环境来吸引外国投资者。新加坡曾为吸收外资制定了很多奖励措施。新加坡政府公布的长期战略性产业发展基本政策方针中，提出电子、石化、生命科学、工程、物流、教育、通信及媒体、医疗中心等九个产业部门为战略发展产业，属于奖励投资行业。后来，信息通信及遗传因子相关产业也列入其中。新加坡的相关投资奖励政策同时以本国企业及外资企业为适用对象。

3. 扶持本土企业发展

在本土企业的扶持措施的具体实施上，新加坡政府重点关注以下六个方面：

（1）提供技术支持。提供有效途径加强科研机构和中小企业的沟通与合作，使企业充分利用科技以改进产品和服务。

（2）鼓励科技创新。标新局提供人员和设备技术培训服务，进行全方位的帮扶支持，鼓励中小企业的创新行为。

（3）降低服务费用。政府将技术咨询服务作为公共服务，只收取成本。该优惠政策使中小企业开展项目研究所需花费比自身独立研究开发小很多，极大地降低了中小企业在研发成本。

（4）培育创业人才。在大学校园里建立未来企业家俱乐部，宣传企业家创业历史，培养文、理大学生的从商兴趣、创业热情，努力推广创业精神。使得新加坡中小企业的发展拥有人才优势。

（5）加强人员指导。中小企业顾问制和中小企业沙龙是主要方式。

（6）缓解资金制约。资金短缺是全世界中小企业的难题，为解决这个问题，新加坡成立了中小企业信贷局，帮助需要资金的中小企业获得银行贷款。调查结果显示，新加坡约80%的中小企业表示非常乐意加入，一年内至少有1000家中小型企业加入，大约有10万多家中小型企业将从中获益，此举有效缓解了中小企业融资难的瓶颈制约。

新加坡这种引进外资和培育本土企业并重的经济发展政策特点，是其转型升级成功的重要原因。从长远看，一个国家或地区的经济能否维持长期发展，最终要归结为该地区是否能不断在自身的市场中培育出新的企业和新的产业。

三、中国台湾加工贸易技术升级及转型的典型案例研究

在上两节的讨论中，我们是将加工贸易产业作为一个整体来考察的。以国际环境为背景，分析韩国和新加坡产业转移的内外动因，转型升级的内部条件以及其政府行为在产业变革中的重要作用。显然，大产业层面的一般性规律总结并不意味着加工贸易产业内部的所有行业都采用相同的产业变革方式。因此，下面我们将深入中国台湾加工贸易产业内部，对典型行业的转型模式及其实现机制进行详细分析，找寻与不同行业相对应的可资借鉴的成功经验。

（一）中国台湾IC产业的技术升级及转型经验

中国台湾IC产业的发展模式是较典型的OEM—ODM—OBM的产业价值链逐步演进的转型升级模式，我们在此主要探讨研究中国台湾IC产业的转型升级经验，重点提炼其中对中国大陆有借鉴意义的产业政策。

1. IC 产业在中国台湾的发展历程

台湾工研院经贸中心通过绘制简单的图表，对中国台湾 IC 产业的发展历程进行了直观展现（见图 5-3）。

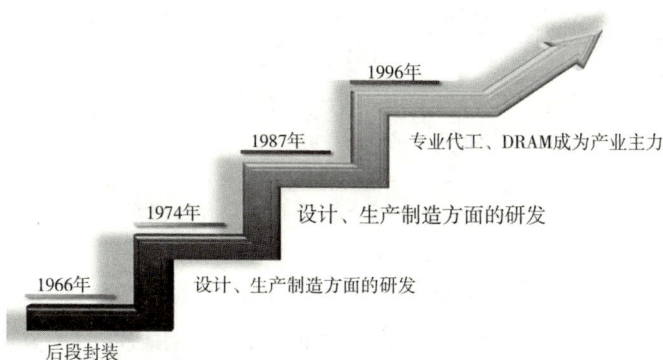

图 5-3　中国台湾 IC 产业的发展历程

柯俊杰的相关研究《新兴产业厂商发展要素研究——台湾 IC（集成电路）产业的实证》（2006）给出了进一步的具体说明（见表 5-7）。此外，他通过对中国台湾 IC 产业的实证研究证实了这种划分的科学性。从阶段图中可以明显看出，中国台湾 IC 产业升级走的是一条典型的由代工生产，通过技术学习和自主研发成立本土企业，到从事专业的代工设计的产业演进道路。

表 5-7　中国台湾 IC 产业发展阶段

发展阶段	代表性事件
中国台湾 IC 产业起步阶段（1960—1974 年）	1960 年中国台湾的交通大学开始研究半导体 1966 年中国台湾自制成功第一颗 IC 1974 年工业技术研究院设立"电子工业研究发展中心"

发展阶段	代表性事件
IC产业技术引进阶段 (1975—1988年)	1975年工业技术研究院开始执行"IC示范工厂设置四年计划"并引进美国RCA公司的制程技术 1980年政府部门开始建立新竹科学园 中国台湾本地的民营IC设计公司开始成立 1987年台积电成立并成为全球第一家专业晶圆代工制造企业
IC产业首次转型期 (1989—1992年)	1989年中国台湾IC厂商数和产值明显增长 1989年中国台湾的政府主导成立了台湾第一家光罩公司"台湾光罩公司"(TMC),产业供应链日趋完整 内存IC取代消费IC,成为IC制造业的主力商品
IC产业高速成长期 (1993—1996年)	1993年,IC产业形成专业分工的"垂直分工"形态 1993年,中国台湾IC产业发展首次超过计算机及外围产业,成为新竹科学园区中的龙头产业。 1996年中国台湾成为全球第四大IC制造区
IC产业的第二次转型升级 (1997年至今)	1997年起,中国台湾IC生产商在全球IC产业中,专业晶圆制造服务的第一地位获得确认

2. 中国台湾IC产业发展的特性

通过对比分析,突出强调中国台湾IC产业发展中的以下几个方面的特征。我们认为中国台湾产业升级成功很大程度上可以归因于此。

(1)伴随着整体制造业在GDP中的比重呈现下降趋势,IC产业产值对GDP的相对贡献率不断上升。

(2)IC产业与电子信息产业上下游产业链的完整性。从中国台湾PC产业相关的电子信息制造业及上游的IC产业、其他代工设计电子产业之间的关联结构图(见图5-4),可以看出中国台湾电子信息产业与IC产业之间存在密切的上下游合作关系,形成了本土优势的产业链。

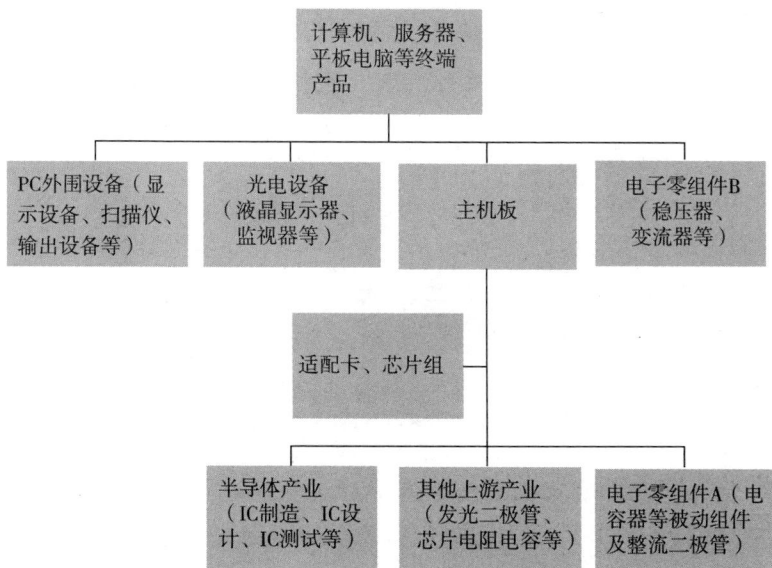

图5-4 IC产业与电子信息产业上下游产业链

（3）IC产业自身供应链的完整性。中国台湾IC产业发展中，各个领域是相对平衡同步的。IC产业相关的主要部门发育程度较高，且相对均衡。在IC设计、封装、测试以及晶圆代工各个环节上都有较高的全球市场份额，产业自身有一套完整的供应链体系。

（4）从事IC产业的本土企业形成纵向分工体系；在中国台湾拥有从事专业代工的大型本土企业——台积电和联电。它们从事专业的晶圆代工生产，为台湾本土代工设计企业提供所需的生产原料和零部件等。在此基础之上，形成了代工企业为基础，设计企业为核心，中小企业联动发展的本土垂直分工体系。中国台湾政府是全球该体系的首创者。在此基础之上，不仅形成了台湾独立的IC生产体系，同时台积电和联电也主宰了全球IC产业中重要的供应链环节（见图5-5）。

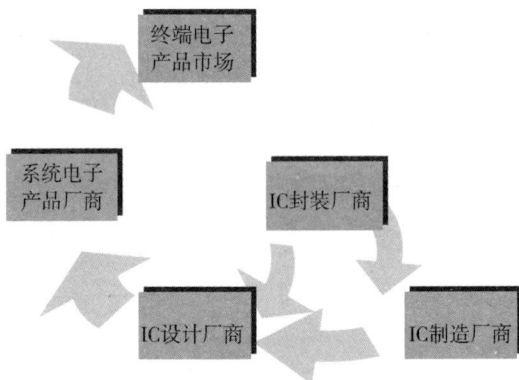

图 5 - 5   IC 产业与相关电子产业之间的垂直分工体系——产品回流方向视角

3. 中国台湾 IC 产业成功升级的经验探讨

（1）政府主导产业选择的前瞻性。中国台湾政府主导产业政策是在长期捕获各方信息资源，亲临考察区域内外的环境变化基础之上，以本土产业自身优势为核心，综合全球相关产业发展的生命周期而最终确立的。

（2）行之有效的本土产业政策。对中国台湾地区持续的成功升级起到决定性作用。本土代工企业的"垂直分工体系"模式是政策引导下，对本土产业的成功升级起到最重要作用的特殊升级方式。通过政府打造大型本土代工企业，专业从事代工生产，为上游的 IDM 企业提供零部件等原料；同时，通过专业代工生产企业与代工设计企业的互动关系，带动整条价值链上的中小企业快速成长。

（3）OEM 选择适合企业的转型升级模式。中国台湾加工贸易产业转型升级进程中，OEM 企业并非一味地追求自主品牌。对中国台湾的许多中小企业而言，由于存在资金限制，打造自主品牌自然不会成为它们考虑的升级策略；然而，一些大型企业同样也没有品牌倾向，相反，它们更希望通过代工演进模式而逐步实现产业升级。在许多大型企业看来，自主品牌战略必须根据企业自身情况，通过相关对手策略分析，综合市场环境等各方面要素才能最终确定。一个失败的品牌创立，不仅会使企业遭受物质损失，同时会损害企业的商业形象；更为严重的是，它将破坏企业与原委托方之间的合作关系，从而给企业带来长期的负面影响。

当然，对于一些拥有特殊优势的企业而言，自主品牌的创立是一种企业竞争力的体现。拥有核心技术的代工企业，通过新产品开发等策略逐步构建自主品牌；而还有一些实力雄厚的大型企业，通过资产整合，放弃某些领域，从而实现企业在核心业务上的全面升级。

（4）中国台湾代工企业多样化的学习机制。此举实现产品附加值的提升和产业价值链的升级。国外学者对代工升级过程中的知识外溢作了不少研究。其中通过知识外溢促进产业价值链升级的研究中，较为典型的是卡普林斯基和莫里斯（Kaplinsky 和 Morris，2001）关于这方面的探讨。他们认为国际外包业务能够促进知识和专业技能的跨国流动，从而提高了全球价值链各个垂直环节的知识存量。

此外，外国学者中，将知识外溢现象与台湾产业升级实证相结合的研究并不多见。其中，最为著名的是霍布德（Hobday，1995）通过对中国台湾电子信息产业的实证研究所得出的相关结果。他通过实际数据检验的方式，证明了中国台湾代工企业利用 OEM 和 ODM 生产过程中的知识外溢；依靠主动学习的方式，吸收外国先进技术；进而通过企业的自主设计创新，实现企业升级。最终，这种微观层面的企业提升演化为中国台湾产业体系的整体升级。

诸多研究中归纳了 OEM—ODM—OBM 各个阶段的企业学习特征、对应的市场结构及升级的实现方式（见表 5 - 8），相关阶段对应的差异化措施将更加有效地服务于企业升级。

表5-8 企业各发展阶段的特征

技术学习方式及能力提升	市场特征	创造价值特征	对应阶段
干中学； 标准化学习； 装配和基本生产能力形成	被动进口商拉动； 廉价劳动力装配； 购买商指向型产品制造	较低的加工装配业务； 微薄的利润； 处于价值链低端	OEM 阶段
在模仿分解中学习；面向质量和速度的工艺调整	以质量和成本为基础； 对外国资本的依附性强		OEM→ODM 阶段
应用中学习，全面生产能力开始形成； 具有产品创新和工艺设计能力	高级产品销售； 市场销售部门建立； 市场化企业自身设计的产品	设计的附加值高于单纯制造； 有时可拥有自己的知识产权	OEM 阶段
研究与开发中学习； 面向产品和工艺的 R&D 投入； 有新产品的研发创新能力	完善产品系列； 直接面向海外零售商的销售模式； 开始进行自有品牌相关产品的销售		ODM→OBM 阶段
R&D 与市场需求相结构； 对有竞争优势的环节进行 R&D 投入； 提升全球竞争的优势地位； 先进产品或工艺创新的能力	自有品牌促销； 市场销售直接面对顾客； 不依赖于海外的分销商； 自身拥有内部营销能力	充分利用品牌和无形资产的高附加值； 企业拥有较高的利润	OBM 阶段

（二）中国台湾地区软件产业发展模式及经验

中国台湾地区软件产业发展的模式可总结为：创新氛围下的产业营销策略及服务管理优化的转型升级模式。

在信息全球化的今天，起步较晚的台湾软件服务业却以惊人的高速成长壮大，并且在全球资讯服务业中拥有较大的竞争优势。因此，探究中国台湾软件业转型升级的特殊实现机制，分析产业成长的内在机理及其政府在产业中的作用对后发地区的产业转型具有重要的意义。中国台湾加工贸易产业内部行业的转型升级模式是根据其自身特点作出的选择。通过典型模式的研究，我们能够从中总结具有针对性的产业升级经验，从而提供更加有效的产业转型方式。此外，中国台湾软件产业转型模式打破了传统技术升级视角的转型观，提供了产业转型成功的一个新方式。

1. 中国台湾软件产业的发展历程

中国台湾软件产业起步较晚，产业兴起是外国资本进入当地市场的客观结果。1956 年，中国台湾第一家 IBM 公司的成立标志着其软件产业的初步形成。该产业的发展并逐步走向成熟大体经历了三个阶段，每个阶段产业发展都有突出的特点。

（1）软件产业的起步萌芽阶段（1956—1980 年）

在中国台湾软件产业发展的初期，外国资本是产业的主导力量，在市场份额上具有绝对优势。中国台湾本土企业主要从事主机代理和专业处理业务，本地市场开始形成，但规模较小。此外，大量研发机构的存在是这一时期产业发展的又一显著特征。

（2）软件资讯应用期（1981—1990 年）

与萌芽阶段相比，这一时期的产业发展中，中国台湾本土企业的地位发生了显著变化。外国资本在产业中的主导性开始下降；中国台湾当局机构及其政策规划下的产业园区；不断成长的大型企业开始成为市场的主体。本土企业不再从事加工装配等初级代工生产，业务转向系统软件的设计开发。与前一阶段相比，中国台湾本土企业的快速成长及其在产业中自主权的进一步确立是这一阶段的突出特征。

（3）PC 成长期（1991—2000 年）

中国台湾本土软件产业开始走向成熟是这一阶段的显著特征。外国资本在产业发展中的地位明显下降，中国台湾软件市场开始扩及中小型的本土企业。此外，软件市场和其他相关服务市场开始相互渗透。这一时期的中国台湾软件企业由于技术逐步走向成熟，开始从事一系列应用软件的开发业务。本土优势企业也开始由区域走向世界，参与全球信息服务业的竞争。

2. 中国台湾软件产业成功升级的因素分析

（1）民间资本成长及其本土化战略

中国台湾软件业的发展大致经历了一个"客户定制—套装软件设计—网路服务"的变化过程。虽然，软件业是在外来资本的诱导下起步的，但综观产业的发展变革升级路径，注重本土企业的培育一直在产业发展中占据着重要地位。无论从政府政策层面还是产业内部的企业视角都有着强烈的产业本土化要求。

在起步萌芽阶段，涉足产业的民间资本规模有限，相关中小企业大多从事定制装配业务，对外来资本有很强的依附性。然而，值得关注的是，研发机构是这一时期中国台湾软件市场的主要成员之一。我们的研究发现，中国台湾本土软件企业的成长与早期大量存在的研发机构密切相关。民间资本涉足产业并非通过依附外来资本逐步成长的方式，而是通过投资研发机构，自主学习模式来形成本土企业自身的竞争优势。此外，信息产业相关的中国台湾民营企业集团及大型投资公司为本土产业的发展提供了大量的资金支持。中国台湾企业集团经营的多元化模式也推动了本土软件产业的快速发展。我们耳熟能详的民营企业及投资公司，例如宏碁、英业达、华硕、力杰、宏泰、统一、华邦等都是软件业的重要成员。

面对激烈的内外竞争压力，中国台湾本土软件企业根据自身特点，寻找产业升级的方式。我们在研究中发现，通过代工模式的演进实现企业的转型升级是一种最普遍的模式，中国台湾企业集团中的大中型企业往往通过这种方式实现产业升级。当前，中国台湾本土 IC 产业中从事代工设计的企业数目众多，它们从事软件的开发业务，通过研发设计提高企业自主创新能力。而另一些中小企业由于自身条件限制了技术升级的空间，它们往往通过部分产业的外移或管理经营的拓展升级来获取新的竞争优势。中小企业通过本土零售和全球销售网络经营相结合的方式，获得了较大的成长空间。由此可见，中国台湾企业升级中选择外移或是就地升级模式并没有受到过多的政策干预，企业基于自身特点选择产业转型升级的模式。在中国台湾经济论丛关于政府选择行为分析的研究中明确指出，无论是中国台湾政府还是中国台湾企业都不认为代工模式是一种落后的发展方式。通过代工生产到代工设计的演进，企业能够接触更多的国际前沿技术，从而获得更大的发展空间。因此，即便是在传统产业的转型中，虽然存在诸多阻力，但政府依然鼓励企业就地升级。由此可见，代工生产—代工设计—自主品牌的发展模式是一个能力不断提升的艰难过程。中国台湾加工贸易产业中能够最终创立自主品牌的毕竟是少数，品牌能否创立不仅涉及产业发展状况，同时还要考虑企业自身的能力。

在此，我们需要特别强调的是，学界认为中国台湾模式是成功的，并不在于它创造了多少自主品牌，而是由于其加工贸易产业的本土化战略使其能够在代工演进的道路上收获整个产业能力的提升。通过发展加工贸易或是其他产业，能否提升本土企业的能力是成功升级的关键，而并不在于加工贸易和其他产业之间有所谓优劣之分。

（2）产业结构适时变化，形成差异化的专业市场经营模式

通过对大量文献、资料的研究汇总，我们认为，中国台湾软件业得以快速发展并最终实现产业升级的最重要因素是其特殊的产业管理经营模式。台湾软件业管理模式变革引致的产业升级案例，使我们有必要重新审视"产业升级的实现机制"问题。

传统关于"产业升级模式"的观点认为，只有技术的提升才能实现最终的产业升级。企业提升自身能力的着眼点往往只停留于技术层面。

最终的结果是，一旦技术提升无法获得，企业便不可能通过其他方式实现产业升级。这也是中国东部沿海大量中小企业普遍存在的一个认识误区。通过对中国台湾软件业特殊升级模式的分析，转变认识误区，可能为中国中小企业的转型提供一个较为有效的方式。

中国台湾软件产业在升级过程中十分注重市场的差异化经营；并且在时代变革中不断调整产业结构和经营方式，由此提高产业竞争力。产业发展过程中，形成了以下几个专业化市场和全球网络。

第一，套装软件市场。套装软件市场是中国台湾发育较为成熟的软件业专业市场。市场业务涉及系统软件和应用软件方面。中国台湾企业在此类市场中善于把握时代特征，同时结合本土企业自身优势，将个人电脑及局域网套装软件的开发作为市场主流。企业经营网络开始由国内市场向海外市场扩张。通过产业低端生产环节的外移和核心技术的保留提升，确立了中国台湾软件业在该类市场中的绝对优势。

第二，网络服务市场。中国台湾软件业的网络服务市场是伴随国际互联网的普及而逐步形成的。其中涉及远程交易、在线数据库等多项电子服务。由于此类市场发育程度不高，企业的经营面适当收缩，主要提供应用性服务，由此避开来自外国企业的激烈竞争。

第三，专业服务市场。在专业服务市场中，企业主要提供软件的教育、培训、咨询和设施管理等服务，以及较为简单的软件定制服务。企业经营的首要目的是培训相关行业的专业化人才，并且在设施管理服务方面为中小学教育提供支持。

第四，处理服务市场。处理服务市场包括数据输入、上线交易处理、批次交易处理等。企业的主要客户来源于金融证券市场和行政部门。庞大的数据处理工作要求企业不断提升技术水平。

第五，交钥系统市场。交钥系统市场主要涉及一系列软硬件的开发、销售、维护服务。伴随着软件产业技术水平的不断提升以及信息网络的广泛应用，中国台湾企业在该市场中采用自动化无人操作经营模式。交钥系统市场不是产业发展的主流市场，这样的经营方式不仅有效利用了信息网络，同时降低了企业的成本。

第六，系统集成市场。系统集成市场是产业发展的主流市场，企业服务面广，众多商业企业乃至台湾政府都是该市场业务的主要客户。因此专业的软件服务知识、技术水平是此类企业发展中必须重点培养的。在企业成长中，对培育本土品牌并打入国际市场是一个重要发展策略。此外，通过提供服务来保持良好的政商关系也是企业的经营理念之一。

第七，全球生产网络。从表5－9中国台湾软件业市场结构的变化可以明显看出，1993—1999年中国台湾PC成长期，产业针对自身优势，在不同市场中，产业发展有所选择侧重。套装软件服务市场比重的上升反映出这一时期中国台湾PC产业的高速发展。由于区域产业在个人电脑及配套软件设备方面有专业的产品设计优势，因此这一时期软件业的发展重心由系统整合的硬件市场转向具有竞争优势的PC套装软件市场。此外，由于资讯信息产业竞争的加剧，中国台湾软件业的经营模式开始变革。外销比重的上升，反映了产业升级过程中改变经营策略，资源重组实现产业竞争力提升的特殊模式。

表5－9　中国台湾软件业市场结构变化

服务市场类型	1993年	1996年	1999年
套装软件服务业市场（％）	31	40	39
网络服务业市场（％）	9	12	18
系统整合业务市场（％）	33	21	19
外销（％）	6.3	8.8	8.2

从中国台湾软件业外销比重在全球的分布来看，销往日本和美国的比重远高于其他区域（见表5－10）。结合这一时期全球产业发展状况

及中国台湾外销产品的构成情况综合分析，我们认为，以美日市场为主要销售方向的客观原因在于两个经济体和中国台湾产业发展的密切关系；但从本质上看，中国台湾软件业外销区域的选择是基于其产品的产业经营策略的运用结果。

这一时期中国台湾软件业外销产品的构成主要有：教育、娱乐方面的多媒体软件；ERP 套装软件等。涉及教育方面的多媒体软件在日本的畅销得益于企业营销中对区域特征的正确分析。此外，套装软件的成功销售也与美国高速发展的信息产业和应运而生的庞大消费市场密切相关。中国台湾软件产业在面对全球竞争压力之下，通过差异性化的市场经营策略，实现了产业结构的优化升级。

表 5 – 10　1998 年中国台湾软件业外销区域分布

地区	日本	美国	中国大陆	欧洲	东南亚	其他区域
所占百分比（%）	41.9	34.7	7.1	5.3	6.3	2.8

（3）产业发展中的人力资本战略

中国台湾软件产业发展中注重人力资本的开发和培育是产业最终实现升级的必要保障。人力资本优势的培育主要通过以下三种渠道实现。

第一，大型企业集团研发机构的设置及企业自身的员工培训计划。中国台湾本土企业集团在发展过程中将人力资本优势作为企业获取竞争优势的最重要条件之一。一些大型的企业集团不仅有系统的员工培训计划，而且还设有专门的机构来辅助企业开发人力资本。

第二，外界加盟，引进相关产业人才。中国台湾软件产业的升级过程是一个产学研有效结合的过程。产业通过吸引相关资讯行业的龙头企业、投资公司来扩大软件业自身规模；通过岛内高校技术转移的加盟方式，不仅能够有效吸纳产业发展所需的人力资本，同时产业的发展能够推动教育研发水平的提高；通过跨国学习的人才回流方式，为产业相关人才提供国际前沿知识的同时，防止了人才的外流。

第三，政府在产业发展中的人才战略。政府对人力资本开发培育的一系列政策，为中国台湾加工贸易产业的成功升级提供了直接动力。关于政策的引导作用将在下一部分的外部机制研究中着重分析，在此不做深入展开。

3. 软件服务业升级的外部机制研究

（1）软件业快速成长的经济环境

中国台湾较为完整的电子产业链是其软件业得以快速成长的一个重要原因。俄罗斯学者瓦吉姆·德米特利耶夫将中国台湾的生产结构称为"碎屑状经济"。他在研究中发现，中国台湾企业虽然规模较小，但专业化程度高。在中国台湾的电子产业中，这些中小企业遍布整个产业链的各个不同环节；它们通过分工与合作，形成互补优势。虽然软件业在台湾的起步时间较晚，但其他相关电子信息产业（例如：半导体产业等）的成熟无疑为软件业发展营造了良好的产业环境。上下游较为完整的产业链不仅增加了软件产业相关业务的需求，同时产业之间的相互渗透进一步推动了产业的成长。

从中国台湾软件业服务业市场中不难看出电子产业之间的相互渗透关联性（见表 5-11）。电子信息产业中的大部分行业都对软件服务的不同专业化市场构成需求；同时软件服务业不同专业市场的业务范围与其他信息产业也是相互渗透的，它们之间存在明显的互补合作性。因此，我们认为，中国台湾软件产业的发展与其成熟的电子产业环境密切相关。

表5-11 各项软件服务的主要业务及市场

服务	主要业务	市场及相关行业
套装软体	由系统软体和应用软体构成： 系统软体包括电脑网络，通信软体，工程软体等； 应用软体主要涉及消费市场和企业市场的软件开发	消费市场：与多媒体相联系的软件开发、影像编辑、个人理财等 企业市场：电子工程系统配套软件开发、文书处理等
转钥系统	主要涉及客户特定用途的软、硬体配套开发	与电脑管理系统相关联的特定系统服务，与电子经销商密切合作
系统整合	根据特定客户需求加以重新开发的软体，并搭配相关硬体、网络、配套设施等全套资讯服务系统	硬体开发与特定电子行业、应用目标行业领域的知识相结合（例如：航天控制系统、海关通关自动化系统等）
专业服务	针对特定客户的设施管理业务。其中包括硬体配套设施管理、定制软体开发、资讯管理等方面	与资讯服务相关的其他行业密切关联
处理服务	从事传统资料处理，包括资料输入和一般统计服务	
网路服务	包括电子资讯服务和网路应用服务中的各个方面	网络数据库系统的建设、电子线上服务等都与整个电子信息产业发展的要求密切相关

（2）软件业快速成长的政策环境

我们对中国台湾软件业成长的政策分析由两个部分展开。首先，我们强调专项机构在产业发展及转型升级中的总体领导作用；其次，我们着重分析建立于这些专项机构之下的各类具体政策的特点。通过对具体措施的分类汇总，我们将其归纳为六点核心政策。综观台湾软件业发展的政策环境，专项机构与各类核心政策之间存在着总领和从属关系。因此，这也是我们划分两部分的主要依据。

第一，设立专项机构，推动产业升级。中国台湾政府在推动电子信息产业各类行业发展中采取的一个较为典型的措施是：成立专门机构，直接服务于产业的发展。20 世纪 90 年代初，中国台湾政府对产业发展的政策性规划对产业成功转型起到了直接的推动作用。其中，中国台湾"经济部—工业局"是产业发展的指导机构。21 世纪初期，面对新一轮的全球信息资讯行业的激烈竞争，中国台湾政府通过一系列有针对性的"软体自由化"政策，进一步提升了台湾软件产业的国际竞争力。其中，中国台湾当局"行政院"之下的"自由软体指导小组"为产业进一步升级提供了优越的政策环境。由此可见，专门的产业发展指导小组在台湾产业升级中起到总领的作用。此外，从阶段性的机构设置中可以看出，政府对经济的干预并非长期存在的。从中国台湾产业升级的经验上看，采用这种阶段性的行政规划可能比长期的政策扶植更为有效。

第二，软件产业政策环境的构建。中国台湾政府在软件业发展的各个阶段，都出台了一系列的扶植政策。具体措施涉及领域众多，不胜枚举。通过对这些具体措施的分析、分类及汇总，找寻这些政策的共性。由此，我们将中国台湾软件业发展的制度环境归纳为以六个核心要素为主体的政策体系（见表 5 - 12）。

表 5 - 12　中国台湾软件业发展制度环境六个核心要素

政策类型	具体措施
基础设施供给	软件产业发展基础环境改善； 系统网络平台构建； 土地规划及软件园区设置（例如：台湾南港软件工业园区、台南科技工业园软件园区）
法制市场建设	专利法和一系列知识产权保护的相关法律法规； 推动自由软体智财授权机制的建立，促进产业进行知识产权的合理买卖交易； 建立独立的知识产权管理制度和分享机制，鼓励企业通过合法方式进行产权分享
人力资本培育	政府建立系统的人力资源评估体系，并且拟订软件人才培训方案； 运用国科会及经济部协助中小民营企业外聘专业人才； 鼓励大学及科研机构投入软件业的技术开发，以培育软件业专业人才； 鼓励高等院校参与国际交流与合作； 鼓励软件产业和资讯产业的相关企业建立独立的人力资本培训机构； 政府设立专项咨询机构
科研机构设置	政府拟订科技专案计划； 鼓励软件业产品设计，软件开发，奖励自主研发和创新设计（例如：科技事业营业税减免、研发支出投资抵减等）； 加强国际合作，鼓励研发机构的跨国交流，针对引进国外前沿技术的财政支持； 政府成立研发机构，划拨经费资助关键领域的技术研究和自主开发； 整合行政部门和业界资源，共同打造产业研发联盟

政策类型	具体措施
本土企业扶植	本土中小企业发展软件业的税收优惠政策（中国台湾当局的一系列有针对性的税收优惠措施是本土产业成功升级的最重要因素之一）； 政府公共服务系统 e 化，为本土产业发展创造需求（例如：允许民间资本进入公共交通领域）； 政府建立开发基金，拓宽中小企业的融资渠道，颁布鼓励民间资本自主创业的优惠政策； 鼓励有能力的大型企业在本土建立营运总部，利用全球资源，提升产业竞争力
社群沟通及市场服务推广	产销协作体系的构建以及产业形象的推广； 提供软件服务市场多元化经营的渠道，支持中小企业多市场经营战略，以此降低风险； 鼓励民间社团参与软件业的交流与合作，培育软件业的优质社群，带动区域信息文化的发展； 构建市场信息资讯平台，及时发布产业信息，增强企业对市场供求变化的敏感度

（三）中国台湾地区新竹工业园区发展模式及经验

中国台湾地区新竹工业园区的发展模式是政府政策引导规划下的新型产业园区的升级模式。

1. 新竹工业园区的发展背景

新竹工业园区的设立是与中国台湾政府产业结构与加工贸易模式转型升级密不可分的。正如前文所述，20 世纪 70 年代以来，国际经济形势风云突变，世界石油危机爆发，西方发达国家经济陷入全面衰退的困境。而中国台湾地区的经济形势也发生了巨变，台币持续升值，劳动力成本必然提高，企业的总成本大幅增加，导致劳动、资源密集型产业的竞争力持续降低，实施多年的出口导向型发展战略受到质疑。在此背景下，中国台湾政府决心顺势而为，转变经济发展战略，走科技兴业之路，成功实现工业的转型升级。因此，旨在带动高新技术产业发展的新竹工业园区便应运而生了。

2. 新竹工业园区发展现状

新竹工业园区已成功发展了一批产业集群，其中有代表性的六种产业分别是：集成电路、光电、电脑及周围配套、通信、精密机械和生物技术。据有关的统计数据显示，至 2009 年年底，入园工厂 440 家，园区年营业额达新台币 0.8835 万亿元，实收资本额大于 1.1315 万亿元，员工 13.2174 万人。按照产值的大小排序，位次如下，第一名集成电路产业，第二名光电产业，第三名电脑及周边产品产业，再后来依次为通信产业、精密机械产业和生物产业。这些产业的年营业额依次为 0.6014 万亿元，0.1744 万亿元，0.0624 万亿元，0.0271 万亿元，0.0116 万亿元，0.0043 万亿元，第一名集成电路产业的营业额占园区总营业额的 68%。在招商引资方面，2009 年园区新批复 40 项投资案，投资总额达到 0.0295 万亿元，半导体及光电产业是其中的主体。

3. 新竹工业园区对培育园区模式的启示

（1）以产业集群为发展思路

台湾新竹工业园区以产业集群的思想统御园区的发展思路和招商引资思路。产业集群思想下的产业政策包含如下内容：政府在关心战略性产业的同时，更加关注产业的竞争模式。换言之，政府关心企业如何竞争，而不是竞争什么；政府欢迎所有产业和同一产业中所有关联企业的发展，在引进产业时保持一种开放的态度，只要企业可以提高其生产率，提高当地竞争水平；产业集群理论不强调市场占有率，而将关注点集中在生产率的提高方面；政府的角色是使产业集群的得到顺利的发展和升级，而不是选择产业。政府的功能是在为全部企业服务，而不是向特定产业倾斜政策。

（2）多管齐下实现持续招商

提高产业研究水平，改进招商工作流程，改善投资环境，实现持续招商。招商工作是一个长时间的系统的工程，得到投资，合作伙伴建厂进入只是工作的开始，提供后续的优质服务，积极争取多方合作，不断改善和优化招商引资的环境和政策，促使招商引资长久有效地进行。通过系统化流程化制度化的招商工作，一个地区的投资环境可以逐步得到改善，从而使投资者形成一定的路径依赖。当然，招商人员和团队的专业化，招商引资得到经济、工业和环境等各方专家的专业支持，有区别地对待客户的个体需求等，则是更高层面的追求。

4. 中国台湾地区政府助推产业升级的相关政策

（1）设置机构，针对企业发育程度拟订各类产业升级计划

中国台湾加工贸易产业升级进程中，政府通过成立各类专项机构，将宏观政策上的产业引导落实到微观层面的企业指导上。这类专项机构的突出特征是：专责引导性。其中，较为典型的为：1973年成立的工业技术研究院、1979年成立的工业资讯策进会。中国台湾政府不同机构的设置都是专门服务于某一项产业升级计划的，并且相关的企业指导战略都是通过专项机构之下的研究中心来主导设计的。在台湾产业升级进程中，专项机构下属的研究中心通过分析不同类型企业面临的转型困境，有针对性地制订详细的企业升级引导计划，对产业升级起着直接的推动作用。

（2）信息化战略，推动区域企业生产网络的形成

在中国台湾产业转型过程中，中国台湾政府在构建区域生产网络上起到关键的作用。从事加工贸易的本土中小企业，由于分布范围广，企业发展程度的差异，很难自发形成较为完整的区域生产体系。然而，一个本土的生产网络不仅能够降低对外部资源的依附性，同时对区域的相关产业联动升级却有着至关重要的作用。中国台湾政府正是认识到这点的重要性，通过政策指导的方式，协助企业构建生产网络。更

为重要的是，中国台湾政府并非直接对企业进行政策干预，而是采用"信息化网络化"战略将不同类型的企业联系在一起。这一介入方式，通过完善信息通信网络；建立资讯服务中心；引导相关物流服务业、金融业进入区域网络，将产业相关的主导企业和各类关联企业有效地结合在一起。此外，这一方式还服务于当时高速发展的台湾电子信息产业，为产业直接创造需求。

（3）动态跟踪，进行阶段性企业调研，及时了解企业需求

中国台湾政府通过适时对企业进行调研，深入企业内部，了解企业需求对最终的产业升级起到辅助作用。虽然，政策调研有时并不能总结提出相关的政策建议，但这有助于政府了解整个企业的发展环境。中国台湾这一政策的有效性主要体现于以下两方面。

第一，政府通过调研走访的方式，能够了解产业发展动向，对其主导产业的选择有着直接的影响。事实证明，中国台湾 IC 产业的高速发展正是由于当局政府的产业前瞻性，而这些相关产业动向的信息就是通过阶段性调研实现。

第二，中国台湾政府通过调研，了解某类企业和另一类的企业之间可能存在的互补需求，通过举办各种企业交流会，实现企业和企业之间的互动联盟。此外，政府还成立相关的培训机构，解决企业发展中遭遇的技术困境、人才短缺等问题。台湾政府虽然采取积极干预的产业转型升级政策，但我们也发现，这些政策并非直接地介入市场；而是起到一种桥梁、纽带的作用，这就降低了政府政策无效的可能性。

（4）新兴产业园区规划与传统工业区的园区化并进的升级战略

中国台湾产业发展中，政府关于园区的规划为不同类型的企业发展创造了良好的环境。在新兴产业园区方面的一系列政策，主要是通过提供服务于本土企业发展的基础设施、信息网络等环境资源；成立相关产业的科研机构、培训机构等技术提升机构；制定优惠的土地、税收政策等经济扶持方式为新兴产业的相关本土企业的快速成长起到

了巨大的支撑作用。这些在我们之前的研究中已经提到，在此不做详细说明。

传统工业区的园区化战略是通过开发管理通报系统，提供最佳土地资讯的策略支援，使传统工业区的设置、转型、更新和整改，能够更加弹性迅速地调整，以适应产业的发展方向。同时，放宽传统工业区的某些管制措施。尤其是在轻工业区方面，通过将生产环境纳入生活服务机能的考察下，使传统工业区转型发展为全功能的复合式园区。

第六章　构建中国加工贸易转型
发展的技术升级机制

　　加工贸易转型升级，实质上是加工贸易的相关产业在发展过程中，采取有效的策略和措施，技术水平由低到高、附加价值由少到多的发展变化进程。

　　从全球价值链的角度来看，是指价值链中的加工贸易企业，采取有效的策略和措施，建立了更紧密的市场关联，实现了技术进步，增强了企业的国际竞争力，进而获得较高的经济效益与环境成效的一个动态过程。具体包含四个层面的内容：工艺流程、产品、功能和价值链升级。所谓工艺流程升级，是针对加工贸易的某个具体生产加工环节，改进生产技术，提升此环节流程的效率，进而提高整个产品的效益，实现对竞争对手的赶超。所谓产品升级，是改进企业现存产品的效益，实现对竞争对手的赶超。功能升级，是在重组或变换具体的价值链中，实现对竞争对手的赶超。可采取以下两种形式：一种是延长价值链，增加新的、更高级的功能，如由从前的生产加工新增设计和营销等环节；另一种是将原来的低附加值功能直接废除，而集中精力攀登更高附加值的功能环节。学界和业界普遍认可的加工贸易功能升级的路径为：加工组装—简单装备制造—自主研发制造—自有品牌建设制造。当然，市场和环境功能也在研究范畴内。价值链升级，是从某产业链条转换到其他产业链条的升级方式。

一、东部沿海地区——创新驱动率先实现转型升级

（一）多方合作，努力创新，促进技术升级

就加工贸易的技术升级路径而言，与全球价值链中主导企业，即发达经济体的跨国公司，构建起合作关系是行之有效的渠道。此进程中，价值链中的良好效应，如信息传播、知识技术溢出和动态学习效应等要加以充分利用，在技术创新时争取与跨国公司充分合作，当然，重视先进技术的大力引进、努力消化吸收，逐步提升企业的自主创新能力，沿着价值链循序渐进升级，到达全球价值链的高端。转型升级的进程中，重中之重是跟跨国公司和业内领军企业的合作。跨国公司进行产业调整，对外转移一些技术含量较高、附加值较大、增值率较显著的生产制造环节时，中国的加工贸易企业应尽力争取。如果能承接到研发机构的转移，则是很理想的状态。总之，在实践中应想方设法，达成加工贸易的技术进步和产业结构升级。

1. 鼓励和支持研发

从 OEM（Original Equipment Manufacture，原始设备制造商）进步到 ODM（Original Design Manufacture，原始设备设计商），争取拥有越来越多的自主知识产权。ODM 与 OEM 相比，就毛利润率而言，前者30%左右，后者10%左右，差距达2倍之多。更显著的是，研究开发人员与普遍劳动密集型工人相比，其劳动生产率前者远高于后者，工资相差几倍甚至几十倍，所以研发将使加工贸易的附加价值大幅度提升。鼓励和支持研发的形式渠道多样，如企业自主创新的激励机制的建立健全、创新环境的优化、知识产权保护体系的完善、高新技术的产业化，相关政策体系、法制保障的完善、与研发机构与高等院校的产学研合作研发机制的建立，高新技术项目投标、竞标制度的完善和与跨国公司合作创新机

制的建立等。

2. 积极融入全球生产网络

材料和中间产品供应商对于商品开发、生产和质量控制的严格要求，能够快速提高加工贸易企业的生产能力，并且促使加工贸易企业在生产和产品设计等多方面能力的形成；另外一些供应商还会定期视察加工贸易企业，派出工程师帮助改进技术。这样，不仅使得加工贸易企业自身的生产加工能力得到提高，也能够在技术层面上得到与先进技术融合的机会。

3. 保持与领导厂商密切的联系

加工贸易企业在完成制造任务的过程中，应积极与领导厂商保持密切的联系，一方面能持续获取有关产品生产的最新信息，如产品设计、标准体系、生产技术、质量控制和物流程序等；另一方面，领导厂商的高标准严要求将促进加工贸易企业的产品质量、技术水平和管理水平在短期内得到大幅提升。另外，接近领导厂商，有可能吸引更多的资金投入 R&D 和品牌宣传中，获取更多利润的可能性大增。

4. 扶持高新技术产业特别是战略性新兴产业

应设立具有标志性的研究开发中心，制定高新技术产业和战略性新兴产业的鼓励支持政策。与一般制造业应区别对待，支持企业利用加工贸易渠道参与高新技术产业和战略性新兴产业的国际分工。

（二）推动沿海地区加工贸易"微笑曲线"两端攀升

现代经济发展过程中出现了商业利润增值的空间日益向产业价值链两端的服务环节转移的"微笑曲线"，无论是工业、农业乃至整个国民经济都出现了明显的"服务化"现象。总体而言，发达国家基本上不再生产劳动、资源密集型产品，而高附加价值的产业环节，如产品的研究、开发、设计、营销业务、品牌和核心零部件的生产成为其主攻方向。发展中国家大多从事涉及大量劳动力的工艺流程，如成品组装、简单的零部件加工等，这些环节附加价值低。东亚新兴工业化国家或地区通过加工贸易实现经济振兴，在此过程中共同的成功之处在于，加工贸易的相关产业由劳动密集型转型升级为资本技术密集型，其中的典型代表是日本、韩国、中国香港、新加坡和中国台湾。这些国家和地区都以产业价值链中的高附加值的环节为突破点，在其政府政策的支持和引导下，取得加工贸易转型升级的成功。根据"微笑理论"，新产品设计开发的两端才是企业制胜的关键，一端是新产品的开发，就是市场调研之后，研发设计出满足消费者需求的商品，另一端是品牌运营，就是让行销和品牌来创造产品的价值。而置于中间段的组装、制造等生产工序价值最小，呈现出"中间小，两头大"的微笑形状。不同生产环节的附加价值在"微笑曲线"得以形象地描述。未来加工贸易中提高附加值的转型升级，仍将是从"微笑曲线"的底部向两端升级。

1. 向上游产业链推进

沿着"简单的加工组装—复杂的加工组装——一般零部件制造—核心零部件制造—整体零部件研发—产成品研发—产成品制造—自有品牌产品的研发、设计、生产"的升级之路，脚踏实地，步步推进。

2. 向服务环节推进

在现有的国际分工中，国外企业主要依靠研发和营销两头重、生产环节小的"哑铃型"结构获取了暴利，中国企业则困顿于生产环节大，研发和营销小的"橄榄型"结构，在国际分工中处于极其不利的地位。实践证明，充分重视现代"经济服务化"的发展趋势，大力发展服务和服务外包产业，这既是服务业自身发展的需要，也是第一、二产业提升发展的客观要求。加工贸易企业注重向服务环节推进，是加工贸易延长国内价值链的重要举措之一。具体方式有发展仓储、物流、配送服务，最好是掌控营销渠道。一般来说，产品的出口离岸价和最后的零售价，差别巨大，有的都可达好几倍，意味着服务环节中蕴含大量的价值，而目前中国的加工贸易只分享到其中的极小部额。推进加工贸易向服务环节的延长，空间庞大。

（三）着力发展服务外包，丰富加工贸易内容

服务外包是指企业为了将有限资源专注于其核心竞争力，以信息技术为依托，利用外部专业服务商的知识劳动力，来完成原来由企业内部完成的工作，从而达到降低成本、提高效率、提升企业对市场环境迅速应变能力并优化企业核心竞争力的一种服务模式。目前，以服务外包和高科技、高附加值的高端制造及研发环节转移为主要特征的新一轮全球产业结构调整正在兴起。服务外包模式已广泛应用于 IT 产业、金融保险、研究开发、人力资源管理、会计法律等专业技术服务领域。服务外包产业正在迅猛发展且潜力巨大。服务外包产业发展的状况已日益成为城市经济发展水平的重要标志和决定性因素。目前世界 500 强，服务业跨国公司超过 50%，余下的企业其服务业收益也是公司收入的大部分，占比超过 50%。从前归属于制造业的辅业，如技术支持、生产环节控制咨询等业务，现在由外包来完成。大量的预测和分析表明，从基础的技术层面的信息技术服务，到高层次的业务流程外包，再到更高附加值的知识流程外包（KPO），外包市场结构正依此路径变化。要鼓励国内加工贸易企业进入该领域，以信息技术外包（ITO）和业务流程外包（BPO）作为突破点，力争得到更多的外包项目，以丰富加工贸易内容，促进其转型升级。

1. 制定发展规划

要以欧洲、美国为主要目标市场，尽力承接发达国家跨国公司的服务外包业务；以软件外包、研发设计等信息技术业务为重点，先大力发展一批服务外包企业；其他配套服务，如银行后台服务、人力资源服务和商务流程服务等也同时加紧建设。各方齐心协力，快速建成服务外包基地。

2. 明晰发展重点

各地根据实际情况，在软件及嵌入式软件外包、研发设计外包、物

流外包、呼叫中心外包、动漫创意设计外包、金融、财会外包等重点领域，进行合理选择和搭配。

3. 加快载体建设

先行建设服务外包载体的配套设施，如居住、休闲娱乐等，通过设施、服务较完善的服务外包转移园区，吸引留学归国等高层次人才到园区投资工作创业。

4. 加强招商引资

致力于引进发达经济体的大型跨国公司，到中国构建服务外包基地、培训基地和研发中心。欧盟诸国和美国等是招商引资的重点国度。组织参加各类贸易会，争取引进层次高、规模大、发展前景好的项目。

5. 设立服务外包发展专项资金

由财政出资设立服务外包发展专项资金，专项用于支持服务外包产业发展。包括鼓励服务外包企业重组并购、做大做强，对在昆设立总部或地区总部并以承接离岸外包业务为主的服务外包企业、新进入昆明的外资企业经营团队给予奖励。对新设软件服务外包企业通信费、办公用房和相关认证等给予奖励或补助。支持企业参与国家项目竞标。

6. 完善服务外包业发展的软硬环境

在完善交通设施，在便捷、通畅、经济、安全的基础上，建设快速化、网络化、系统化的立体交通运输结构；提升高度自动化，安全可靠性高，系统协调性高的电力供应及保障系统。建设现代化通信，外包产业基地的规划建设要尽量考虑到宽带通信网、卫星通信网与宽带多媒体光线网三网合一，超大容量的国际出口专线带宽，网络核心接入层采用双机热备份，企业专线可直达发包国，以及无线网络覆盖等因素，保证信息传递的快捷与安全；改善生活配套设施，大力改善我市各园区的附属设施功能水平，如居住、娱乐、文化、商业、体育设施等。通过优化和完善城市管理，提升城市整体形象，增强综合竞争力，进一步提升发展服务外包产业的条件，为服务外包产业的招商引资创造良好的环境。

7. 支持服务外包企业通过标准化国际认证

大力普及服务外包国际认证知识，鼓励和引导服务外包企业积极申请相关国际认证或认证升级。每年召开一次服务外包国际认证推介会，为国际认证机构和本地服务外包企业牵线搭桥，加快认证推进速度。重点推进企业开展开发能力成熟度模型集成（CMMI）认证、开发能力成熟度模型（CMM）认证、信息安全管理（ISO 27001/BS 7799）认证等国际认证，积极鼓励企业开展人力资源成熟度模型（PCMM）认证、IT 服务管理（ISO 20000）认证、服务提供商环境安全性（SAS70）认证等国际认证。

（四）推动加工贸易企业向绿色环保型企业转变

随着经济的超常规快速发展，中国爆发了生态环境危机等尖锐社会问题。诸多原材料、能源、如水、土地和矿藏由于过分开采利用，出现缺乏或污染情况。资源的利用与保护再次敲响警钟。因此，加工贸易的转型升级要全面贯彻落实科学发展观，必须坚决抵制对经济、社会和自然有长期负面影响的投资、生产和服务性活动，要切实促进加工贸易企业向绿色环保型企业转变。

1. 执行环境成本的企业化原则

哪个企业造成污染由哪个企业治理，加工贸易企业和其他所有企业均一视同仁。加大执法力度，确保这一原则的贯彻。着力构建节能环保产业发展的社会化体系。各种经济政策，包括财政、金融等均应将环境成本纳入考虑范围。

2. 统筹自然资源的利用和保护

绝大多数自然资源、能源不可再生，应综合集约加以利用。加工贸易企业的节能减排，保护环境措施应落实和坚持。

3. 大力开发环保型新产品

这些产品要具有资源节约、替代和循环利用的特点。力图建设加工贸易企业的节能环保联盟。

4. 强化产业结构调整

加大技术改造力度，充分发挥市场作用，更多地运用经济、法律手段，以产业规划和政策为引导。促使当前加工贸易企业中的消耗高、污染高、技术低的初级加工装配业转型升级为节能型、环保型、高新技术化的现代制造业。

二、中西部地区的对策——承接产业转移实现转型升级

近年来，劳动力成本提高、人民币升值和土地等自然资源价格攀升等不利因素纷纷涌现，位于加工贸易的先发之地——珠三角和长三角的很多从事加工贸易企业不断选择对向转移，一部分转向了中国的中西部，一部分则转到了越南等东南亚国家，还有少部分转向非洲。正是在这种背景下，国家在加工贸易政策上逐步加大向中西部倾斜的力度。2005年，由商务部颁布了第 27 号令——《出口加工区加工贸易管理暂行办法》，首次体现了对东部和中西部地区的不同的政策措施。清晰指出，中西部地区要"积极承接东部沿海地区加工贸易的梯度产业转移的"；而对东部沿海地区，不再审批低水平、低附加值的劳动密集型的加工贸易产业，该地区的发展目标是提高产业层次。

（一）中西部的比较优势

与东部及东南沿海地区相比，中西部有不少比较优势。

1. 区位优势

从地理位置，西部与俄罗斯、东盟和印度等地区相邻。俄罗斯、印度和东盟作为新兴经济体，与中国贸易往来越来越密切，一些面向东盟、俄罗斯和印度的加工贸易可以考虑向西部转移。中部地区则与东部毗邻，承东启西、连南通北，交通发达。

而且接近消费市场，销售可以部分实现本地化。国土面积中西部20个省区市占全国的80%以上，人口占比60%以上，本身就是一个庞大的市场。

2. 成本优势

（1）劳动力成本优势。中西部具有丰富的劳动力资源，目前中国外出打工者主要来自皖、赣、湘、豫、桂、渝、黔、川等中西部地区。以城镇单位就业人员平均工资为例，2014年，加工贸易比较集中的广东、上海、江苏、浙江4省市的平均工资分别为53318元、90908元、57177元和56571元，而中部的平均工资只有43157元，西部则只有47373元（见表6-1）。

表6-1　2014年中国各地区城镇单位就业人员平均工资

（单位：元）

东　部	平均工资	中　部	平均工资	西　部	平均工资
北　京	93006	山　西	46407	陕　西	47446
天　津	67773	吉　林	42846	甘　肃	42833
河　北	41501	黑龙江	40794	青　海	51393
辽　宁	45505	安　徽	47806	宁　夏	50476
上　海	90908	江　西	42473	新　疆	49064
江　苏	57177	河　南	38301	内蒙古	50723
浙　江	56571	湖　北	43899	广　西	41391
福　建	48538	湖　南	42726	云　南	42447
山　东	46998			四　川	47965
广　东	53318			贵　州	47364
海　南	44971			重　庆	50006
东部平均水平	58751	中部平均水平	43157	西部平均水平	47373

注：西部平均水平不计西藏。

资料来源：中国统计年鉴（2014）。

比较劳动力成本，中部地区只是东部地区的 73%，西部地区只是东部地区的 81%，中西部地区只是东部地区的 78%。

（2）土地成本优势。中国的经济发展，区域间差距很大，东部地区在改革开放的三十多年间，先于中西部得到发展。目前，东部地区的土地资源的利用已近极限，剩余的可用土地数量极稀少，土地供求矛盾异常突出，用地价格自然快速上涨。与之相比，中、西部地区的土地成本优势明显。

（3）能源供应和价格优势。作为产地，中、西部地区的工业用煤、气、水、电等能源的供应充足，因而价格比东部低。

3. 资源优势

中西部有较丰富的自然资源。据统计，西部地区集中了全国 60% 以上的矿产资源储量，其中 45 种主要矿产资源接近全国的一半。铅、锌，锡、镍、钒、钛、稀土、铂等储量都占绝对优势。能源资源：水、煤、油、气的探明储量占比重约 57%。水能蕴藏量占比 85% 以上，可开发量占比 81% 以上。新疆的石油远景储量占比约 2/5，西北地区煤炭储量占比约 2/5。

4. 其他优势

中西部地区特别是中部地区，在新中国成立以来，在几十年的发展历程中，已形成一定规模、数量和水平的制造业，成为承接加工贸易转移的优势条件之一。

（二）中西部的比较劣势

当然，中西部地区承接加工贸易产业转移也面临不少难题和限制。

1. 运输成本高

当前东南沿海地区是要将劳动密集型产品向外转移，这类产品利润空间很有限。而加工贸易产品在中国组装生产后用于出口，因此就运输距离而言，中西部与东部地区比较，大多数情况是远很多，再加上运输效率相对较低，运输成本将上升，价格提高，那么加工贸易产品在国际市场的竞争力大为降低。

2. 生产能力低

中西部地区工业基础设备较落后，上下游配套产业不完善。据中国香港的一个调查研究显示，在日常的生产运行中，一般来说加工贸易的配套产品数量和工艺流程需1—5个。而中西部地区尚未形成完善的产业链，这为顺利承接东部加工贸易的转移带来了一定的局限性。

3. 劳动力劣势

中西部劳动力市场发展滞后。现代加工贸易业需要的是有一定技能的劳动力，由于劳动力市场滞后，一些转移到中西部地区的加工贸易企业难以招到数量和质量能满足其所需的工人，阻碍了加工贸易企业对中西部的转移。

（三）对策建议

利用加工贸易产业转移的机遇，充分发挥两个地区各自的比较优势，形成全国产业联动的良性循环。齐心协力构建和提升国内价值链，在加工贸易由东南沿海地区转移到中西部的过程中，尽力提升国内产业的配套水平，建设"东南部接单、中西部加工、国内外销售"的加工贸易新型模式。在实践中探索中国对外开放的新路径。

1. 政策上进一步向中西部倾斜

加大对承接地企业的金融支持，包括贷款、利率优惠、债券承销等。

2. 中西部地区加紧自身建设

要努力完善交通和工业设施，改善投资环境，完善劳动力市场，加大对工人的培训。既要积极承接东部加工贸易的转移，同时也要积极吸引新的面向国内外市场的加工贸易项目。争取与东部地区合作设立针对特定产业的工业园，争取把较为完整的产业链集群式地从东部地区向中西部转移，克服配套产业不足的不足。

3. 发挥中西部的独特优势

发挥中西部资源优势，重点发展劳动密集型与资源密集型相结合的加工贸易。发挥中西部的区位优势，西部在地理位置上临近东盟及东欧等新兴经济体，西部应发挥主动性，积极承接以上述地区为主要出口市场的加工贸易企业的转移。

三、增强加工贸易企业自主创新能力

决定中国加工贸易转型升级的关键因素是技术创新，因此加工贸易企业须增强自主创新能力，通过主体能力提升推动加工贸易技术升级和转型发展。政策建议如下：

1. 建立企业自主创新引导机制

整合与完善国家、省、市、发展改革委、海关、质监、工商、外经贸等部门的鼓励自主创新的政策和规划，确保相关规划制定和实施的前瞻性、科学性和可操作性。要加强政府与中介服务部门的联系，多向企业提供产业发展政策和信息，引导和推进企业制定自主创新规划，明确技术创新的方向、目标和重点。

2. 加强企业间的合作

经营上大企业具备优势，要注重采取上市、兼并、重组、联合等方式，以资本为纽带，以产品为基础，整合企业技术资源，引导培育一批具有核心竞争力的优势企业。推进大企业和中小企业融合发展，积极引导中小企业融入国内外大企业产业链，促进企业间的合作分工、技术共享。加强对小企业进行技术培训和咨询，鼓励企业联合进行技术创新。

3. 构建技术创新体系

重点建设以企业技术中心为主要形式的企业技术创新、以行业公共科技平台为支撑的行业技术创新、以产学研联合为纽带的科技成果转化、以中小企业为主要对象的技术中介服务、以产业政策和法律手段为主要方式的政府技术创新调控五大体系。强化企业决策主体、投入主体、利益主体和风险承担主体意识，推进企业加大对技术改造投入，建立（工程）技术中心和重点实验室。尽力为加工贸易产业技术创新提供服务，通过财政投入、税收、金融、政府采购等杠杆，集成全社会科技资源对优势产业发展中的关键技术和行业共性技术进行重点跨越，每年实施一批重大项目，提高加工贸易的核心竞争力。①

4. 加大对企业自主创新的资金支持力度

整合工商、海关、工业、贸易等各部门关于自主创新的政策资源，提高政策效率。设立自主创新专项资金，对获得自主创新的企业，加大力度给予一次性奖励。切实帮助企业申请国家各类政策性资金补助。在各类计划、资金、政府采购、展销展览以及办事程序等方面对自主创新企业实行倾斜，鼓励生产要素向这些企业集聚。拓宽企业直接融资渠道，鼓励企业通过募集、收购等多种途径在境内外上市。加大对各类人才，尤其是专业技术人才的引进力度，通过住房优惠政策、良好的工作和生活环境、重金奖励等措施吸引人才的集聚。中、小企业是创新的源泉，处于品牌经济"金字塔"基础位置，要切实解决中小企业在技术、信息、资金、管理上的困难。

5. 落实自主创新的基础性保障工作

完善品牌、商标和专利保护的各级法令、法规，营造保护自主创新的法制环境。进一步加大整顿和规范市场经济秩序力度，建立健全执法联动机制，加强与各省市的合作、协调，依法严厉打击各类侵犯知识产权、制售假冒伪劣产品的违法行为，为企业发展创造一个公平竞争的市场环境。充分发挥行业协会和中介组织作用，着力完善社会中介服务体系，为企业提供技术推广、法律服务、人才培训、商标代理、融资担保、技术、服务、产权交易等各方面服务。

---

① 闫国庆等：《中国加工贸易战略转型及政策调整》，《经济研究》2009 年第 5 期。

四、支持民营企业发展加工贸易

支持民营企业参与加工贸易，进入国际产业分工链条，是实现加工贸易由以外资为主导转变为以本土企业为主导必然途径，这对于推动中国经济、社会的稳定发展、促进加工贸易的"落地生根"，具有重大的现实意义。

1. 对国产的原料和中间投入品足额退税

凡加工贸易生产制造环节使用的中国自己的原料和中间投入品，执行足额退税。让国产的原料和中间投入品与进口的同类产品平等竞争。

2. 政策措施优惠

提高批复速度，高新技术类的加工贸易企业纳入认定范围，使得该类企业享受与外资同等的优惠政策。

五、完善深加工结转政策

1. 大力推进加工贸易企业使用国产原料和中间投入品

加工贸易与原料、中间投入品等上下游行业，具有明显的产业关联性。无论是加工贸易与国内配套产业，还是外资企业与本土企业，中间投入品市场是彼此联系的重要枢纽。此举措是消除加工贸易"飞地效应"，实现其落地生根的最有效途径。方式多种多样，如与进口的同类产品享受同样的税收政策；退税及时；国内采购越多，给予的政策越优惠；参照原材料与中间投入品的先进技术标准，建立中国的标准体系，让加工贸易企业可以据此放心地采购到符合其要求的料件，而不再通过进口渠道；中上游产业尽力吸收包括外资的资金投入，把价廉物美的国内原材料和中间投入品供应给加工贸易企业；组织和参加相关的展销会，了解此类市场的发展情况，加大加工贸易企业与本土中上游产业的交流与沟通的力度；建设市场供求信息平台，促使加工贸易企业与本土配套厂商的业务联系长久稳定。

2. 完善加工贸易的深加工结转政策

大力促进加工贸易的深加工结转，鼓励中国企业进一步融入国际分工，循序渐进延长和提升产业价值链，是中国加工贸易转型升级的有效路径。目前，企业在办理该类结转时，受限多，耗时长。对产品名称、数量和价格等内容，如果海关存有异议时，办理的难度更大。相关部门应制定更便捷有效的鼓励措施，并能在实际操作中让加工贸易企业深加工结转的享受到便利。加大深加工结转的宣传力度，充分发挥加工贸易企业深加工的主观能动性。建设专门平台，探索有效方式，牵线搭桥给予加工贸易企业需要的技术咨询与信息联系服务，使相关企业及时快捷地与适合的深加工转入、转出企业进行合作，促进深加工结转的有效开展。

参 考 文 献

中文部分：

［1］A．P．瑟尔沃：《增长与发展》，中国财政经济出版社 2001 年版。

［2］保罗·萨缪尔森等：《经济学》，华夏出版社 1999 年版。

［3］曹宏成：《产品内贸易：原理、效应及对中国的适用性分析》，复旦大学出版社 2008 年版。

［4］戴维·罗默：《高级宏观经济学》，商务印书馆 1999 年版。

［5］丁建微：《内生增长理论与中国经济增长》，《经济研究导刊》2009 年第 14 期。

［6］杜修立、王维国：《中国出口贸易的技术结构及其变迁：1980—2003》，《经济研究》2008 年第 7 期。

［7］樊纲、关志雄、姚枝仲：《国际贸易结构分析：出口品的技术分布》，《经济研究》2006 年第 8 期。

［8］冯雷：《从贸易方式走向与国际经济融合——中国加工贸易管理模式探析》，《国际贸易》2012 年第 2 期。

［9］符宁：《人力资本、研发强度与进口贸易技术溢出——基于中国吸收能力的实证研究》，《世界经济研究》2007 年第 11 期。

［10］格罗斯曼·赫尔普曼：《全球经济中的创新与增长》，中国人民大学出版社 2003 年版。

［11］关伟：《企业技术创新研究》，东北财经大学博士学位论文，2006 年。

［12］郭庆旺、贾俊雪：《中国全要素生产率的估算：1979—2004》，《经济研究》2005 年第 6 期。

［13］国务院发展研究中心课题组：《加工贸易：全球化背景下工业化的新道路》，《经济研究参考》2003 年第 11 期。

［14］韩秋：《韩国产业结构转换中的动态比较优势》，《黑龙江社会科学》2006年第3期。

［15］洪俊杰、刘青、左宗文：《经济全球化新形势与中国贸易转型升级研究——"全面提高开放型经济水平"学术研讨会综述》，《经济研究》2014年第11期。

［16］洪银兴：《论创新驱动经济发展战略》，《经济学家》2013年第1期。

［17］洪银兴：《创新型经济：经济发展的新阶段》，经济科学出版社2010年版。

［18］黄群慧、贺俊：《"第三次工业革命"与中国经济发展战略调整——技术经济范式转变的视角》，《中国工业经济》2013年第1期。

［19］黄先海、陈晓华、刘慧：《产品出口复杂度的测度及其动态演进机理分析——基于52个经济体1993—2006年金属制品出口的实证研究》，《管理世界》2010年第3期。

［20］胡晓鹏：《从分工到模块化：经济系统演进的思考》，《中国工业经济》2014年第9期。

［21］金芳：《国际分工深化趋势及其对中国国际分工地位的影响》，《世界经济研究》2008年第3期。

［22］金芳：《全球化经营与当代国际分工》，上海人民出版社2006年版。

［23］金芳：《产品内国际分工及其三维分析》，《世界经济研究》2006年第6期。

［24］柯俊杰：《新兴产业厂商发展要素研究——台湾地区IC（集成电路）产业的实证》，复旦大学博士学位论文，2006年。

［25］李晨：《台湾地区产业发展经验给无锡的借鉴》，同济大学博士学位论文，2006年

［26］李平等：《中国自主创新中研发资本投入产出绩效分析——兼论人力资本和知识产权保护的影响》，《中国社会科学》2007年第2期。

［27］李小平、朱钟棣：《国际贸易、R&D溢出和生产率增长》，《经济研究》2006年第2期。

［28］李皖南：《新加坡知识经济战略的发展与输出》，《暨南大学学报》（哲学社会科学版）2011年第3期。

[29] 廖涵：《论中国加工贸易的中间品进口替代》，《管理世界》2003 年第
1 期。

[30] 林世渊：《台湾软件产业的发展及其扶持政策研究》，《世界经济与政治论
坛》2003 年第 6 期。

[31] 刘德学等：《全球生产网络与加工贸易升级》，经济科学出版社 2006 年版。

[32] 刘会清：《韩国工业化对中国现代化的启示》，《内蒙古民族大学学报》
2007 年第 3 期。

[33] 刘卫：《韩国经济腾飞时期的贸易与贸易政策》，《中国外资》2008 年第
12 期。

[34] 刘志彪、张晔：《中国沿海地区外资加工贸易模式与本土产业升级：苏州
地区的案例研究》，《经济理论与经济管理》2005 年第 8 期。

[35] 卢峰：《产品内分工：一个分析框架》，北京大学中国经济研究中心（No.
C2004005），2004 年。

[36] 卢锐等：《自主创新、技术学习与产业竞争力的提高——以台湾 IC 业为
例》，《中国工程科学》2007 年第 8 期。

[37] 聂正安等：《中国企业升级路径的现实选择：OEM 阶段内升级》，《广东商
学院学报》2010 年第 2 期。

[38] 裴长洪：《经济新常态下中国扩大开放的绩效评价》，《经济研究》2015 年
第 4 期。

[39] 裴长洪：《进口贸易结构与经济增长：规律与启示》，《经济研究》2013 年
第 7 期。

[40] 裴长洪：《全面提高开放型经济水平的理论探讨》，《中国工业经济》2013
年第 4 期。

[41] 平新乔：《产业内贸易理论与中美贸易关系》，《国际经济评论》2005 年第
10 期。

[42] 卜国琴：《全球生产网络与中国产业升级研究》，暨南大学出版社 2008
年版。

[43] 戚晓曜、邱志珊：《中国加工贸易研究》，中国经济出版社 2011 年版。

[44] 乔晶：《中国加工贸易发展的经济效应及可持续性研究》，重庆大学博士

学位论文，2011 年。

　　[45] 邱志珊：《中国加工贸易发展背景研究》，《时代金融》2010 年第 6 期。

　　[46] 邱志珊：《加工贸易与中国经济增长》，《广西民族大学学报》2013 年第
8 期。

　　[47] 邱志珊：《中国与新兴发展中国家出口产品技术含量升级的比较分析》，
《经济问题探索》2015 年第 8 期。

　　[48] 邱志珊：《中国加工贸易技术升级分析——基于产业比较的视角》，《云南
社会科学》2015 年第 5 期。

　　[49] 沈克华：《加工贸易技术溢出的机制与效应分析》，上海社会科学院博士
学位论文，2011 年。

　　[50] 沈玉良、孙楚仁、凌学岭：《中国国际加工贸易模式研究》，人民出版社
2007 年版。

　　[51] 史本叶：《垂直专业化与产品内贸易研究》，吉林大学博士学位论文，
2008 年。

　　[52] 宋京：《开放经济下的技术进步—理论与基于中国经验的实证研究》，复
旦大学博士学位论文，2004 年。

　　[53] 孙楚仁、沈玉良、赵红军：《加工贸易和其他贸易对经济增长贡献率的估
计》，《世界经济研究》2006 年第 3 期。

　　[54] 田文：《产品内贸易论》，经济科学出版社 2006 年版。

　　[55] 王洪庆：《中国加工贸易的技术溢出效应研究》，《世界经济研究》2006 年
第 7 期。

　　[56] 王怀民：《加工贸易的基础、模式与利益分配——基于中国的研究》，北
京师范大学博士学位论文，2006 年。

　　[57] 王明益：《中国出口产品质量提高了吗?》，《统计研究》2014 年第 5 期。

　　[58] 王子先、杨正位、宋刚：《促进落地生根——中国加工贸易转型升级的发
展方向》，《国际贸易》2014 年第 2 期。

　　[59] 吴聘奇：《台湾 IC 产业的发展模式与空间扩散研究》，华东师范大学博士
学位论文，2009 年。

　　[60] 熊彼特：《经济发展理论》，商务印书馆 1990 年版。

［61］徐美娜、彭羽：《出口产品质量的国外研究综述》，《国际经贸探索》2014
年第 7 期。

［62］亚当·斯密：《国民财富的性质和原因的研究》，商务印书馆 1972 年版。

［63］姚洋、章林峰：《中国本土企业出口竞争优势和技术变迁分析》，《世界经
济》2008 年第 3 期。

［64］姚洋、张晔：《中国出口品国内技术含量升级的动态研究——来自全国及
江苏省、广东省的证据》，《中国社会科学》2008 年第 2 期。

［65］闫国庆等：《中国加工贸易战略转型及政策调整》，《经济研究》2009 年第
5 期。

［66］杨汝岱、姚洋：《有限赶超与经济增长》，《经济研究》2008 年第 8 期。

［67］杨小凯：《经济学：新兴古典经济学与新古典经济学》，布莱克维尔出版
公司 2000 年版。

［68］喻春娇、喻美辞：《跨国公司生产组织变革、技术外溢与中国加工贸易的
升级》，《国际投资》2007 年第 6 期。

［69］曾贵等：《台湾加工贸易转型升级的路径、机制及其启示》，《世界经济与
政治论坛》2010 年第 5 期。

［70］张冰：《台湾加工贸易的转型升级及启示》，《对外经贸实务》2011 年第
5 期。

［71］张大勇：《加工贸易对中国工业化的影响研究》，华中科技大学博士学位
论文，2005 年。

［72］张辉：《全球价值链理论与中国产业发展研究》，《中国工业经济》2004 年
第 5 期。

［73］张纪：《产品内国际分工：动因、机制与效应研究》，社会科学院博士学
位论文，2007 年。

［74］张杰、刘志彪、张少军：《制度扭曲与中国本土企业的出口扩张》，《世界
经济》2008 年第 10 期。

［75］张杰等：《中国出口产品质量得到提升了吗?》，《经济研究》2014 年第
11 期。

［76］张珺：《台湾电脑及外设产业融入全球生产网络的升级分析及启示》，《亚

太经济》2006年第1期。

［77］张蕾蕾：《东亚和新加坡产业升级的经验及其对中国的启示》，南开大学博士学位论文，2009年。

［78］张习宁：《日韩产业升级的经验及对中国的启示》，《海南金融》2011年第5期。

［79］张小蒂、孙景蔚：《基于垂直专业化分工的中国产业国际竞争力分析》，《世界经济》2006年第5期。

［80］张旭宏：《中国加工贸易发展面临的挑战与对策分析》，《宏观经济管理》2004年第2期。

［81］张幼文：《"新开放观"——对外开放理论与战略再探讨》，人民出版社2007年版。

［82］赵超：《新加坡产业发展及其对中国的启示》，《开发研究》2010年第4期。

［83］钟学义、陈平：《技术、技术进步、技术经济学和数量经济学之诠释》，《经济研究》2006年第3期。

［84］周晓艳等：《全球生产体系下台湾地区的个人计算机产业集群升级》，《工业经济》2007年第3期。

［85］朱春临：《国际技术外溢与自主创新——理论与基于中国数据的实证研究》，复旦大学博士学位论文，2008年。

［86］朱瑞博：《全球产业重构与中国产业整合战略》，《改革》2004年第4期。

［87］朱有为、张向阳：《价值链模块化、国际分工与制造业升级》，《国际贸易问题》2005年第9期。

［88］庄子银：《新经济增长理论的五大研究思路》，《经济学动态》1997年第5期。

［89］Acemoglu, Daron, "Why Do New Technologies Complement Skills? Directed Technical Change and Wage Inequality", *Quarterly Journal of Economics*, 1998.

［90］Acemoglu, Daron, Antras Pol, and Helpman EIhanan, "Contracts and Technology Adoption", *American Economic Review*, March 2007.

［91］Antras, P., "Incomplete Contracts and the Product Cycle", *American Economic Re-*

view, April 2005.

[92] Arndt Sven W. , "Super – specialization and the Gains from Trade", *Contemporary Economic Policy*, April 1998.

[93] Arndt Sven W. , Kierzkowski Henryk eds, *Fragmentation: New Production Patterns in the World Economy*, Oxford and New York: Oxford University Press, 2001.

[94] Aitken J. J. , A. E. Harrison, "Do Domestic Firms Benefit from Direct Foreign Investment? Evidence from Venezuela", *American Economic Review*, September 1999.

[95] Arrow, Kenneth J. , "The Economic Implications of Learning by Doing", *Review of Economies Studies*, 1962.

[96] Albert G. Z. Hu, "Patent Citations and International Knowledge Flow: the Cases of Korea and Taiwan", *International Journal of Industrial Organization*, March 2003.

[97] Amiti, Mary, Freund, Caroline, "An Anatomy of China's Export Growth", Working Paper, *Federal Reserve Bank of New York*, 2008.

[98] Antweiler, Werner, Daniel, "Increasing Returns and All That: A View from Trade", *American Economic Review*, March 2002.

[99] Audretsch, D. B. and Feldman, "Knowledge Spillovers and the Geography of Innovation and Production", *American Economic Review*, March 1996.

[100] Aw, B. Y. , X. Chen, and M. J. Roberts, "Productivity and Turnover in the Export Market: Miero – level Evidence from the Republic of Korea and Taiwan(China)", *The World Bank Economic Review*, January 2000.

[101] Bas. M. Strauss – Kahn, "Input – Trade Liberalization, Export Prices and Quality Upgrading", *FREIT Working Paper*, No. 571 , 2012.

[102] Barro, Robert J. , X. Salai Martin, "Technological Diffusion, Convergence, and Growth ", *Journal of Economic Growth*, February 1997.

[103] Berman, E. and Machin, S. , "Skill – biased Technology Transfer around the World", *Oxford Review of Economic Policy*, March 2000.

[104] Bin Xu, "Measuring China's Export Sophistication", *China Europe International Business School Working Paper*, 2007.

[105] Bin Xu, Jiang Yong Lu, "Foreign Direct Investment, Processing Trade and the So-

phistication of China's Exports", *China Economic Review*, 2009.

[106] Blomstrom M. , F. Sjoholm, "Technology Transfer and Spillovers: Does Local Participation with Multinationals Matter?", *European Economic Review*, 1999.

[107] Caves R. E. , "Multinational Firms , Competition and Productivity in Host – country Markets ", *Economic*, *New Series*, April 1974.

[108] Clerides, S. K. Lachs, Saul and James R. Tybout, "Is Learning by Exporting Important? Micro – Dynamic Evidence from Colombia, Mexieo, and Moroceo", *Quarterly Journal of Economics*, January 1998.

[109] Crozet. M , K. Head, T. Mayer, "Quality Sort in Trade : Firm – level Evidence for French Wine", *Review of Economic Studies*, 2012.

[110] Das. S. , "Externalities and Technology Transfer through Multinational Corporations: A Theoretical Analysis", *Journal of International Economics*, 1987.

[111] Dieken, P. and Henderson, J. , " Making the Connections: Global Production Networks in Britain, East Asia and Eastern Europe", *A Research Proposal to the Economic and Social Research Council*, July 1999.

[112] Dinopoulos, Elias and Peter Thompson, " Scale Effects in Schumpeterian Models of Economic Growth", *Journal of Evolutionary Economics*, September 1999.

[113] D. Rodrik, " What's so Special about China Exports ", *NBER Working Paper*, 2006.

[114] Engelbrecht , Hans Jurgen, "Human Capital and International Knowledge Spillovers in TFP Growth of a Sample of Developing Countries: An Exploration of Alternative Approaches", *Applied Economics*, March 2002.

[115] Fajnzylber, P. , Fernandes, Ana M. , "International Economic Activities and the Demand for Skilled Labor: Evidence from Brazil and China ", *World Bank Working Paper*, 2004.

[116] Feenstra, Robert C. , and Gordon H. Hanson, " Ownership and Control in Outsourcing to China: Estimating the Property – Rights Theory of Firm", *The Quarterly Journal of Economics*, 2005.

[117] Gereffi, G. A. , Olga Memodovic, " The Global Apparel Value Chain: What Pros-

pects for Upgrading by Developing Countries", United Nations Industrial Development Organization, Sectoral Studies Series, 2005.

[118] Gervais, A. , "Product Quality and Firm Heterogeneity in International Trade", *Review of Economic Studies* , 2011.

[119] Girma, Sourafel, David Greenaway and Katharine Wakelin, " Who Benefits from Foreign Direct Investment in the UK?" , *Scottish Journal of Political Economy*, April 2001.

[120] Grossman, Gene, Helpman Elhanan, "Managerial Incentive and the International Organization of Production" , *Journal of International Economics*, February 2004.

[121] Halln, Chin Hee, " Exporting and Performance of Plants: Evidence from Korean Manufacturing" , *NBER Working Paper* , 2004.

[122] Helleiner, G. K, "The Role of Multinational Corporation in Less Developed Countries' Trade in Technology", *World Development*, March 1975.

[123] Helpman, Elhanan, " International Organization of Production and Distribution: Research Summaries", *NBER Reporter*, July 2006.

[124] Hummels David, Ishii Jun, Kei – Mu Yi, "The Nature and Growth of Vertical Specialization in World Trade", *Journal of International Economics*, January 2001.

[125] Humphrey, J. , Schmitz H. , " How Does Insertion in Global Value Chains Affect Upgrading in Industrial Clusters?" *Regional Studies*, September 2002.

[126] Howitt Peter, "Endogenous Growth and Cross – Country Income Differences", *The American Economic Review*, April 2000.

[127] Hummels, David and Klenow, Peter J. , "The Variety and Quality of a Nation's Exports", *American Economic Review*, April 2005.

[128] Keller Wolfgang, " International Technology Diffusion", *Journal of Economic Literature*, March 2004.

[129] Kohler, Wilhelm, "International Outsourcing and Factor Prices with Multistage Production" , *The Economic Journal*, January 2004.

[130] Kokko, A. , "Technology, Market Characteristics and Spillovers", *Journal of Development Economics*, February 1994.

[131] Krugman Paul, Cooper Richard N. , Srinivasan T. N. , " Growing World Trade:

Causes and Consequences", *Brookings Papers on Economic Activity*, January 1995.

[132] Lall Sanjaya, Weiss John, Zhang Jinkang, " The Sophistication of Exports: A New Trade Measure", *World Development*, February 2006.

[133] Learner Edward E. , "The Effects of Trade in Services, Technology Transfer and Delocalization on Local and Global Income Inequality", *Asia – Pacific Economic Review*, February 1996.

[134] Lucas, Robert E. Jr, "On the Mechanics of Economic Development", *Journal of Monetary Economics*, February 1988.

[135] Luong, T. A. , R. Huang, S. Li, Ethnic, " Diversity and the Quality of Exports: Evidence from Chinese Firm – level Data", *NBER Working Papers*, 2013.

[136] Mayer, J. Globalization, "Technology Transfer, and Skill Accumulation in Low – Income Countries", *WIDER Discussion Paper*, 2001.

[137] Ng, Francis, Yeats, Alexander, "Production Sharing in East Asia: Who Does What for Whom, and Why?", *The World Bank, Policy Research Working Paper Series*: 2197, 1999.

[138] Nishida, M. , A. Petrin, S. Polanec, " Exploring Reallocations Apparent Weak Contribution to Growth", *Journal of Productivity Analysis*, 2013.

[139] Pissarides, Christopher A. , " Learning by Trading and the Returns to Human Capital in Developing Countries", *The World Bank Economic Review*, January 1997.

[140] Puga, Diego, and Daniel Trefler, "Knowledge Creation and Control in Organizations", *National Bureau of Economic Research Working Paper*, 2002.

[141] R. Hausmann, Y. Huang, D. Rodrik, " What You Export Matters", *NBER working paper*, 2005.

[142] Robbins, D. , "Evidence on Trade and Wages in the Developing World", *OECD Technical Paper*, No. 119, 1996.

[143] Romer Paul M. , "Review: Innovation and Growth in the Global Economy", *Journal of Economic Literature*, January 1993.

[144] Schiff, M. Yanling, W. and Olarreaga, M. , "Trade – Related Technology Diffusion and The Dynamics of North – South and South – South Integration", *World Bank Policy Research Working Paper*, 2002.

［145］Schott, Peter K. , "The Relative Sophistication of Chinese Exports", *Economic Policy*, *January* 2008.

［146］Sturgeon, Timothy J. , "How Do We Define Value Chains and Production Networks? ", *A Paper Prepared for the Bellagio Value Chains Workshop*, *IDS Bulletin*, March 2001.

［147］Teece, David J. , "The Market for Know – how and the Efficient International Transfer of Technology", *The Annals of the American Academy of Political and Social Science*, 1992.

［148］Thoenig, Mathias, and Thierry Verdier, " A Theory of Defensive Skill – Biased Innovation and Globalization", *American Economic Review*, March 2003.

［149］Van Elkan, R. , "Catching Up and Slowing Down: Learning and Growth Patterns in An Open Economy", *Journnal of International Economics*, April 1996.

［150］Wang, Zhi and Wei, Shang – Jin, "What Accounts for the Rising Sophistication of China's Exports? " *NBER Working Paper* , 2008.

［151］Wang J. Y. and Blomstrom M. , "Foreign Investment and Technology Transfer: A Simple Model", *European Economic Review*, March 1992.

［152］Xu Bin and Lu, Jiang Yong, "Foreign Direct Investment, Processing Trade, and China's Export Sophistication", *Working Paper*, *China Europe International Business School*, 2008.

［153］Xu Bin , Eric P. Chiang, "Trade, Patents and International Technology Diffusion", *International Trade & Economic Development* , January 2005.

［154］Xu Bin and Chiang , Engelbrecht P. , "Trade , Patents and International Technology Diffusion", *Journal of International Trade and Economic Development*, 2005, 14.

［155］Zhu, Susan Chun, "Trade, Product Cycles and Inequality Within and Between Countries", *Canadian Journal of Economics*, 2014.

后　记

本书对中国改革开放以来的经济现象"加工贸易"予以关注。加工贸易是基于产品内国际分工发展起来的生产与贸易结合的一种生产方式。20世纪70年代末以来，中国的加工贸易得到长足发展，加工贸易成为引领中国融入全球生产网络体系的重要工具和方式，这是中国充分利用全球特别是亚太地区产业结构调整和转移机遇，以主动积极的姿态融入蓬勃发展的经济全球化浪潮中的结果。中国的加工贸易出口对一般贸易出口具有显著的影响，进料加工贸易出口每提高1%，将导致一般贸易出口提高0.79%；来料加工贸易出口每提高1%，将导致一般贸易出口提高0.25%。因此，加工贸易发展通过带动一般贸易发展进而促进经济增长。

通过横向比较，中国出口产品的技术含量不断提升，与绝大多数比中国发达的国家和地区的差距在发展中逐步缩小，与部分国家比较提升更快。通过纵向比较，中国出口成产品的本国技术含量在1997—2012年间，先降后升，呈现出V形变化趋势。通过分产业比较，出口品技术含量提升表现最好的是造纸印刷、化学原料及制品制造，最差的是纺织业、皮革及制作。总体而言，中国加工贸易现阶段仍处于劳动、资金密集型阶段，产品技术含量有待进一步提高。

中国加工贸易发展面临新的挑战，尤其是中国与世界发达经济体还有明显的技术差距，由于缺乏足够的科技支撑，中国的大多数产业和产品在国际市场上缺乏核心竞争力、缺乏品牌和定价权，在国际分工中陷于十分被动和尴尬的境地，必须改变这种传统的经济发展方式，实现加工贸易的转型升级，否则经济上就难以真正崛起，更不可能实现可持续发展，实现中国由经济大国向经济强国的跃升。

加工贸易技术升级及转型发展往往面临"两难困境"：不进行技术升级，就只能处在产业价值链中低附加值的环节，获得极其微薄的价值份额；如果进行技术升级就会导致"代工"转移的出现，不同国家竞争企业在最终产品市场上进行纵向差异化产品竞争，也照样只能获得很低的利润。摆脱技术升级的"两难困境"，唯有走创新之路，包括技术创新和制度创新。通过技术创新引领加工贸易转型发展，通过增强企业自主创新能力和充分发挥政府作用实现加工贸易转型发展。中国不同地区加工贸易转型升级应采取不同的策略。东部地区要以创新驱动技术升级和产业转型为重点，率先实现转型发展；中西部地区以承接产业转移为重点，加快转型发展步伐。在加工贸易转型升级过程中还要大力增强企业自主创新能力，高度重视发挥民营企业作用，切实完善结转政策，坚持低碳和绿色经济发展方向。

当然加工贸易的技术升级和转型发展问题，是涉及国际经济形势、国内经济情况、经济发展战略和社会发展阶段等问题的宏大繁杂的系统工程，本书在先行学者的研究基础上做了些尝试性的探索研究，由于笔者能力、水平有限，有些问题有待进一步深化拓展研究：

（1）加工贸易的技术含量升级的理论研究需要加强和深化。当前的研究，主要从产业内贸易、产品内贸易、垂直专业化分工等角度来解释其产生，结构、发展以及对经济的促进和影响等问题，但在尝试构建严谨周全的理论分析框架方面还有差距。构建一系列的理论分析框架，既能体现加工贸易企业这一微观基础，又与中国国情和制度安排相适应，是有待深入研究的问题。加工贸易的技术含量升级效应的研究也需要深化。

（2）实证研究的数据采集和运用需要细化和扩宽。本书实证研究的数据基本是国家的宏观层面的，如果运用具体的行业和企业数据，得出的研究结论应该更有说服力。

　　上述问题是笔者今后科研探索努力的方向。

　　本书的出版得到云南省哲学社会科学学术著作出版专项经费资助。在此对云南省哲学社会科学规划办公室诚挚地表示感谢！

责任编辑:张　燕
封面设计:汪　阳
版式设计:胡欣欣
责任校对:吕　飞

图书在版编目(CIP)数据

中国加工贸易转型发展研究/邱志珊 著. -北京:人民出版社,2015.10
ISBN 978－7－01－015356－8

Ⅰ.①中⋯　Ⅱ.①邱⋯　Ⅲ.①加工贸易-研究-中国　Ⅳ.①F752.68

中国版本图书馆 CIP 数据核字(2015)第 238269 号

中国加工贸易转型发展研究

ZHONGGUO JIAGONG MAOYI ZHUANXING FAZHAN YANJIU

邱志珊　著

人民出版社 出版发行
(100706　北京市东城区隆福寺街 99 号)

北京中科印刷有限公司印刷　新华书店经销

2015 年 10 月第 1 版　2015 年 10 月北京第 1 次印刷
开本:710 毫米×1000 毫米 1/16　印张:12.5
字数:200 千字

ISBN 978－7－01－015356－8　定价:32.00 元

邮购地址 100706　北京市东城区隆福寺街 99 号
人民东方图书销售中心　电话 (010)65250042　65289539